ENKAUSTIK
Das Grundlagenbuch zur Wachsmalerei

Birgit Hüttemann-Holz

ENKAUSTIK
Das Grundlagenbuch zur Wachsmalerei

Autorin: Birgit Hüttemann-Holz

Bildnachweis: S. 4: © Jack O. Summers; S. 7, 98, 99: © Colt Weatherstone; S. 9: © Bridgeman Images; S. 10, 11: akg-images, Jasper Johns, © VG Bild-Kunst, Bonn 2015; S. 21 oben: © Darin Seim; S. 43, 44, 95: © Jana Hartmann; S. 108, 109: © Robin Denevan; S. 110, 111: © Betsy Eby; S. 112, 113: © E. G. Schempf; S. 114, 115: © Alexandre Masino; S. 116: © Robin Samiljan; S. 117: © Jantje Janssen; S. 118, 119: © Paula Roland; S. 120, 121: © Shawn Sagolili; S. 122, 123: © Yasemin Skrezka; S. 124, 125: © Georg Weise; S. 17, 20, 31 rechts, 37, 39: © Frank Schuppelius; alle übrigen: © Philipp Hüttemann
Wir danken der Firma ART SELECT GmbH & Co. KG für die freundliche Unterstützung.
Layout und Litho: Michael Feuerer
Druck und Bindung: Neografia, Slowakei

ISBN: 978-3-86230-304-5
Art.-Nr. 30304
© 2015 Christophorus Verlag GmbH & Co. KG, Freiburg
Alle Rechte vorbehalten

Das Werk und seine Vorlagen sind urheberrechtlich geschützt, jede Verwertung oder gewerbliche Nutzung der Vorlagen und Abbildungen ist verboten und nur mit ausdrücklicher Genehmigung des Verlages gestattet. Dies gilt insbesondere für die Nutzung, Vervielfältigung und Speicherung in elektronischen Systemen und auf Datenträgern. Es ist deshalb nicht erlaubt, Abbildungen und Bildvorlagen dieses Buches zu scannen, in elektronischen Systemen oder auf Datenträgern zu speichern oder innerhalb dieser zu manipulieren.

Die Ratschläge in diesem Buch sind von der Autorin und dem Verlag sorgfältig erwogen und geprüft, dennoch kann eine Garantie nicht übernommen werden. Eine Haftung der Autorin bzw. des Verlages und seiner Beauftragten für Personen-, Sach- und Vermögensschäden ist ausgeschlossen.

Besuchen Sie uns auf unserer Website: www.christophorus-verlag.de

Inhaltsverzeichnis

Vorwort 6

Kurzer geschichtlicher Überblick 8

Besondere Hinweise
für das Arbeiten mit Wachs 12
   Allgemeine Vorsichtsmaßnahmen 12
   Besondere Vorsichtsmaßnahmen 12

Materialien und Zubehör 16
   Materialien 16
   Zubehör 21

Bildträger und Malgründe 28
   Bildträger 28
   Malgründe 31

Enkaustikmedium und -farbe 34
   Enkaustikmedium 34
   Enkaustikfarbe 36

Der Anfang 42
   Grundieren 42
   Technik des Einschmelzens 44
   Erste Farbaufträge 45
   Mischen der Farbe 46
   Transparenz gegenüber Lichtundurchlässigkeit 47
   Das Reinigen des Pinsels und der Palette 48

Glatte Oberflächen 52
   Indirekte Schmelzmethode mit der
   Heißluftpistole 52
   Direkte Schmelzmethode mit dem
   Mal- oder Bügeleisen 53

Strukturierte Oberflächen 56
   Bespritzen 56
   Spachteln 58
   Gießen 60

   Anlagern 62
   Reliefabdruck 64
   Subtraktive und additive Techniken 70
   Sgraffito: Auskratztechnik 74
   Abklebetechnik für Linien und Formen 76
   Schablonen 78

Collagen 80
   Papiere 80
   Organische Materialien 82
   Schlagmetalle und Vergoldungen
   mit Transfergold 84

Bildtransfertechniken 86
   Fotokopie 86
   Kohledurchschlagpapier 88
   Kohle- und Grafitzeichnungen 89

Mixed-Media-Techniken 90
   Ölsticks, Pigmentsticks, Ölfarben 90
   Ölpastell 92

Monotypie in Enkaustik 94
   Einführung 94
   Bildgebung 96

Präsentation und Pflege 100
   Wachstropfen 100
   Wachslippen, Ränder und Rahmen 101
   Polieren der Bildoberfläche 102
   Lagerung und Transport von Enkaustikbildern 103

Kunstgalerie –
Zeitgenössische Enkaustik in
Europa und Nordamerika 106

Glossar 126

Nachwort 128

Vorwort

Als ich das erste Mal mit der Maltechnik der Enkaustik in Berührung kam, hatte ich überhaupt keine Vorstellung davon, was mich erwartete.
Eine Malerfreundin überredete mich, einen Kurs „Einführung in die Enkaustik" zu besuchen. Es war Winter in Detroit, für mich als Deutsche eine kleine Eiszeit, – und so dachte ich – warum nicht die Zeit verkürzen und etwas Neues lernen?
Was ich nicht erwartet hatte: dass schon die ersten drei Stunden Einführung in die Malerei der Enkaustik mein ganzes künstlerisches Schaffen verändern würden.
Vielleich war es der Duft von Honig, der durch das schmelzende Wachs freigesetzt wurde, oder die abenteuerlich anmutende Malerei mit Feuer mittels des Propangasbrenners, oder aber die Intensität und Brillanz der Farben – es gab kein Zurück mehr für mich.
Ich male und arbeite seitdem nur noch in Enkaustik. Nach dem Kurs igelte ich mich ein, malte ohne Unterlass, widmete mich der Lektüre des Standardwerks von Joanne Mattera „The Art of Encaustic Painting", suchte weiter nach Literatur und entwickelte meinen eigenen Zugang zur Malerei in Wachs.
Heute explodiert das Wissen und die Anwendung der Enkaustik in den Vereinigten Staaten geradezu. Immer mehr Künstler entdecken dieses Medium für sich, bauen es aus und entwickeln es weiter. In den Vereinigten Staaten werden dem antiken Medium und seiner vielseitigen, zeitgenössischen Anwendung Museumsausstellungen gewidmet!
Da ich jährlich nach Deutschland komme und Kunstmessen besuche, wunderte ich mich, warum hierzulande Enkaustik als Medium noch weitestgehend unbekannt ist.
So wuchs mein Wunsch, dem deutschen Publikum ein Grundlagenbuch und eine Übersicht der zeitgenössischen Kunst in Enkaustik vorzustellen. Ich bin sehr dankbar, dass ich für dieses Buch einen Verleger gefunden habe.
Zutiefst dankbar bin ich auch den vielen internationalen Künstlern, deren Unterstützung ich erfahren habe und die mir spontan die Veröffentlichung ihrer Bilder in diesem Buch zusagten.
Ich weiß, dass dieses Buch nur einen kleinen Bruchteil der künstlerischen Möglichkeiten illustriert, die die Enkaustik bietet.
Meine Auswahl an zeitgenössischen Werken, die ich hier vorstellen werde, wird viele gleichwertige Werke und Künstler auslassen müssen.
Meine Hoffnung ist, dass dieses Buch einen kleinen Anstoß bietet, mehr über die Enkaustik erfahren zu wollen – sei es in Ausstellungen, durch Literatur oder durch das eigene praktische Arbeiten mit Wachs.

Birgit Hüttemann-Holz,
Detroit, USA, Februar 2015

Kurzer geschichtlicher Überblick

Die Malerei der Enkaustik hatte ihre erste Blütezeit in der griechisch-römischen Antike. Anfänglich wurden Bienenwachs und Harz im Schiffsbau verwendet, um die Schiffsrümpfe und Gelenke zu versiegeln und zu imprägnieren. Dem Wachs wurden dann Pigmente beigemischt und man begann, die Schiffe mit dem Pinsel dekorativ zu bemalen und zu gestalten. Homer berichtet im 8. Jahrhundert v. Chr. von bemalten Kriegsschiffen, die nach Troja segelten.

Griechische Künstler fingen im 4. Jahrhundert v. Chr. an, die Wachsmalerei bei der Gestaltung von Tonobjekten und Marmorstatuen sowie in der zweidimensionalen Holztafelmalerei anzuwenden. Es gibt auch Überlieferungen von anderen Techniken, zum Beispiel die Anwendung einer kalten Wachspaste, die eingebrannt werden musste, sowie das Einbrennen von Mustern in Holz und Elfenbein mit einem glühenden Griffel, einem *caestrum*. In die so entstandenen Linien und Muster wurde dann gefärbtes Wachs eingebrannt.

Da allen Techniken das Einbrennen/Einschmelzen des Wachses gemeinsam war oder die Anwendung von heißem, flüssigen Wachs, wurden sie unter dem Begriff „Enkaustik" gesammelt. Enkaustik leitet sich von dem griechischen Wort *Enkausis* (= Einbrennen) ab.

Die wohl berühmtesten Zeugnisse der antiken Malerei in Enkaustik sind die Fayumporträts (Mumienporträts). Bei der Ausgrabung einer altägyptischen Nekropole (Totenstadt) in Hawara, am Eingang des Fayum-Beckens, fand der britische Archäologe Sir W. M. Flinders Petrie 1888 eine Begräbnisstätte aus der griechisch-römischen Periode, die eine Vielzahl von Mumienporträts enthielt.

Griechische Künstler, die damals Alexander dem Großen folgten, siedelten sich in Hawara an und übten hier ihr Handwerk aus. So kam es, dass sich die griechische Porträtmalerei für einen gewissen Zeitraum zu einem Bestandteil des ägyptischen Begräbnisrituals entwickelte.

Die Porträts der Verstorbenen wurden auf Holztafeln gemalt, die in Höhe des Gesichts auf die Mumie platziert und mithilfe von Tüchern eingewickelt und befestigt wurden. Sie entstammen der klassischen und hoch angesehenen Tradition der Holztafelmalerei, die die Person in der griechisch-römischen Tradition darstellte. Meist als Frontalansicht wird eine Kopf- oder Brustdarstellung gewählt, der Kopf ist leicht rotiert.

Die Mumienporträts wurden entweder in Enkaustik oder später in Tempera gemalt. Die Enkaustikgemälde zeichnen sich dabei insbesondere durch ihre Leuchtkraft und den ihnen eigenen, fast impressionistischen Pinselstrich aus, der durch das schnell erkaltende Wachs verursacht wurde.

Etwa 900 Mumienporträts wurden weltweit ausgegraben und viele sind heute in Museen zu besichtigen. Die 2000 Jahre alten Wachsbilder sind in einem erstaunlichen, fast makellosen Zustand, die Farben sind immer noch sehr intensiv, frisch und von erstaunlicher Brillanz.

Einige Ausläufer der Enkaustikmalerei reichten bis in die Zeit der byzantinischen Ikonenmalerei. Im 7. Jahrhundert n. Chr. jedoch wurde die Enkaustik durch die weniger aufwendige Technik der Tempera-

Mummy Portrait: Head of a Woman, Egyptian, 130–160 AD (encaustic with gilded stucco on wood) / Detroit Institute of Arts, USA / Gift of Julius H. Haass / Bridgeman Images

malerei ersetzt und Enkaustik wurde zu einer vergessenen, einer verlorenen Kunst.

Wachs wurde aber nach wie vor für verschiedene Anwendungen im Mittelalter verwendet. Um 1505 versuchte Leonardo da Vinci, eine Wandbemalung mit einer der Enkaustik verwandten Technik *al secco* auszuführen, um Farbe auf Stucco aufzutragen. Doch bei der Fixierung mit Heißluft verliefen die Farben im oberen Bereich und er musste das Projekt als gescheitert ansehen.

Freskenmaler im 19. Jahrhundert versuchten, die Technik der Enkaustik als Medium gegen die Feuchtigkeitsprobleme in der Wandbemalung einzusetzen, ebenfalls erfolglos.

Die Erfindung des Propangasbrenners entfachte das Interesse an der Enkaustik erneut. Doch den Durchbruch erfuhr die Technik der Enkaustik erst durch die Handhabung von elektrischen Geräten, die das Schmelzen des Wachses vereinfachten.

Diego Riviera bemalte in den zwanziger Jahren in Mexico City Wände mit Wachs, und in den Vierzigern experimentierte Karl Zerbe mit Enkaustik und entwickelte eine Rezeptur, die auch heute noch etwas abgewandelt Anwendung findet (damals: acht Teile Bienenwachs, ein Teil Damar, und ein Teil Venezianisches Terpentin). 1949 publizierten Frances Pratt und Becca Fizel das Buch „Encaustic Materials and Methods", das Rezepte und Techniken vorstellte sowie historische Verweise enthielt. Die Künstler dieser Zeit experimentierten und entwickelten alle ihre eigenen Techniken mit Wachs, darunter Jackson Pollock, David Aronson, Rifka Angel und Arthur Garfield Dove. Es war jedoch Jasper Johns, der dem antiken Medium zur eigent-

Jasper Johns (geb. 1930), „Tango", 1955. Enkaustik und Collage auf Leinwand mit Spieldose, 109,2 × 139,7 cm. Sammlung Ludwig.

Jasper Johns (geb. 1930), „Zero to Nine / 0 to 9" (Null bis Neun / 0 bis 9), 1958/59. Enkaustik und Collage auf Leinwand, 53,8 × 88,9 cm. Sammlung Ludwig.

lichen Popularität verhalf. In seinen Pop-Art-Bildern benutzte er das pigmentierte Wachs für seine Collagen und es ermöglichte ihm seine charakteristische Impastotechnik. Jeder Pinselstrich und Tropfen wurde als berechtigt angesehen und nicht mehr angerührt. Es entstanden Bilder von hoher Haptik. Um die Farbe einzuschmelzen, verwendete er erst eine elektrische Lampe, später eine Kochplatte, die er an einem Stock befestigte, um sie über die Bildoberfläche zu führen. Das Wachs pigmentierte er mit Ölfarben, erst später ging er zu Pigmenten über. Seitdem haben zahlreiche Künstler die Technik der Enkaustik wiederentdeckt. Vor allem in den USA gibt es viele Künstler, die ausschließlich in diesem vielseitigen Medium malen und arbeiten.

Die einzigartige Leuchtkraft der Farben, die Möglichkeiten der Transparenz, der Oberflächengestaltung, der Collage sowie die hervorragenden Konservierungseigenschaften sind allesamt Merkmale der Enkaustik. Enkaustik als Malweise bietet vielfältige Gestaltungs- und Anwendungsmöglichkeiten, wie sie zum Beispiel durch die traditionelle Ölmalerei nicht erreicht werden können.

Besonders in den letzten zehn Jahren hat die Popularität der Enkaustikmalerei enorm zugenommen. Alljährlich findet eine internationale Enkaustikkonferenz unter der Schirmherrschaft von Joanne Mattera (International Encaustic Conference in Provincetown, MA, USA) statt.

Dort finden Ausstellungen, Workshops, sowie ein reger Küstleraustausch statt und es werden neue Produkte vorgestellt.

Es sind aber die intensive Beschäftigung und das professionelle Arbeiten mit Enkaustik, die die Grenzen dieser Maltechnik erweitern und immer neue Anwendungsbereiche schaffen.

Besondere Hinweise für das Arbeiten mit Wachs

Wenn Sie in Enkaustik arbeiten, gelten allgemeine und besondere Vorsichtsmaßnahmen.
Für Ihre Arbeit brauchen Sie Strom und es ist hilfreich, am Arbeitsplatz über mehrere Steckdosen verfügen zu können. Außerdem ist es wichtig, dass Ihr Arbeitsplatz gut belüftet werden kann. Ein Feuerlöscher sollte aus Sicherheitszwecken gleichfalls vorhanden sein.

Allgemeine Vorsichtsmaßnahmen

Halten Sie Ihren Arbeitsplatz sauber und organisiert. Ziehen Sie sich um! Arbeitskleidung gehört nicht in Ihre normale häusliche Umgebung – und waschen Sie sich gründlich die Hände!
Verwenden Sie Latexhandschuhe oder Barriere-Creme, eine Schutzcreme, die eine Schutzschicht zur Haut darstellt und sich leicht und schnell abwaschen lässt, ohne dass Sie mit Lösungsmitteln hantieren müssen.
Essen Sie nicht in Ihrem Atelier beim Arbeiten, wenn Sie zum Beispiel mit Ölfarben oder Pigmenten hantieren.

Schutzcremes schützen vor äußerlich einwirkenden Stoffen.

Besondere Vorsichtsmaßnahmen

Wachs

Verwenden Sie ein Thermostat oder einen Temperaturregler und kontrollieren Sie immer die Temperatur Ihres Wachsmediums! Das Wachsmedium sollte nicht höher als 120 °C erhitzt werden.

> **Wichtiger Hinweis: Rauchentwicklung ist gefährlich! Das Wachsmedium ist zu heiß!**

Wird das Wachs über 121 °C erhitzt, beginnt es sich zu zersetzen und entwickelt gefährliche Gase, Dämpfe oder Rauchschwaden, die unter anderem Akrolein und Formaldehyd enthalten. Je höher die Temperatur, desto höher ist die Freisetzung dieser Substanzen und dies kann zu Atemwegsreizungen, Allergien und Lungenerkrankungen führen.

Sorgen Sie für ausreichende Ventilation, durch Abzugshauben, Belüftung, sowie für eine professionelle Atelierinrichtung. **Beugen Sie sich nicht über die Heizplatten, in denen das Wachs schmilzt!**

> **Entzündet sich das Wachs, verwenden Sie den Feuerlöscher! Wasser kann zu einer Fettexplosion mit hohen Stichflammen führen!**

Haben Sie einen Feuerlöscher einsatzbereit und greifbar. Der Flammpunkt von Wachs liegt bei 265 °C, die Selbstentzündungstemperatur liegt bei 295 °C.

Wachs kondensiert – eine Wolke von kleinen Wachspartikeln, die sich über dem erhitzten Wachs bildet, kann durch einen Funken (Propangasbrenner) entflammen.

Bei ernsthaften Verbrennungen, also mehr als ein paar Wachstropfen, gehen Sie sofort zum nächsten kalten Wasserhahn, oder noch besser präparieren Sie ein Eiswasserbad und kühlen Sie die Haut, um Blasenbildung zu vermeiden.

Vermeiden Sie, das Wachs gleich abzuziehen, Sie könnten die Haut mitentfernen. Warten Sie stattdessen, bis das Wachs im kalten Wasser abgekühlt ist und entfernen Sie es dann. Bei kleineren Verbrennungen können Sie ein Verbrennungsgel oder Aloe Vera verwenden. Bei ernsthaften Verbrennungen sollten Sie einen Arzt aufsuchen.

Heizplatten, Heißluftpistole und Propangasbrenner

Grundsätzlich gilt: Bei elektrischen Geräten folgen Sie den Gebrauchsanweisungen!

Verwenden Sie Heizplatten oder Warmhalteplatten, die ein eingebautes Thermostat haben, um die Temperatur optimal regeln zu können.

Vorsicht bei Mehrfachsteckern! Die elektrischen Geräte verbrauchen viel Strom, seien Sie sicher, dass ein Überspannungsschutz in Ihren Mehrfachstecker eingebaut ist.

Seien Sie sicher, dass Sie die Geräte abschalten, wenn Sie das Atelier verlassen – ich ziehe immer alle Stecker aus der Steckdose.

Heißluftpistolenaufsätze sind aus Metall und daher nach Gebrauch sehr lange sehr heiß! Hantieren Sie daher vorsichtig mit ihnen.

Platzieren Sie die Pistole so, dass sie Ihnen nicht im Weg ist. Am besten ist es, aus einem Stück Pressspanholz eine Öffnung herauszuschneiden, in die Sie die Heißluftpistole einhängen können.

Wenn Sie einen Propangasbrenner zum Einschmelzen der Enkaustikfarbe verwenden, sollte alles entflammbare Material aus dem Weg geräumt sein.

> **Hinweis: Stellen Sie auch nicht den noch brennenden Propangasbrenner auf den Tisch „um schnell etwas anderes zu erledigen" – drehen Sie das Gas ab!**

Verwenden Sie keine Lösungsmittel, wenn Sie mit einem Propangasbrenner arbeiten. Alle Lösungsmittel sind entflammbar!

Pigmente

Am sichersten ist es, mit Enkaustikfarbblöcken (zum Beispiel von R&F HANDMADE PAINTS) zu arbeiten oder aber mit Ölfarben das Wachs zu pigmentieren.

Sollten Sie mit pulverförmigen Pigmenten arbeiten, sollten Sie eine Halbmaske für Feinstaubpartikel tragen, um das mögliche Einatmen von Pigmentpartikeln zu vermeiden. Aufsteigende Pigmentpartikel, insbesondere bei Indischgelb, sind gefährlich. Vermeiden Sie Pigmente auf Kadmium-, Chrom-, Kobalt-, Quecksilber-, Blei- und Bariumbasis. Verwenden Sie kein Bleiweiß, Barytgelb, Chromorange, Mineralfeuerrot und Zinkchromat.

Beachten Sie auf jeden Fall die Inhaltsstoffe und etwaige Herstellerhinweise auf Ihren Materialien und handeln Sie danach!

Renaissance
Enkaustik auf Holz, ca. 51 x 51 cm

Hier wurde teilweise blaue und weiße Ölfarbe mit den Fingern direkt aufgetragen und dann eingeschmolzen. Mit einer Töpfernadel wurden Linien spontan gestisch eingraviert.

Til my soul is Flight
Enkaustik auf Holz, ca. 61 x 44 cm
Bei diesem Bild kam die gleiche Technik wie bei dem vorangegangenen Werk „Renaissance" zum Einsatz.
Zusätzlich wurden noch Reliefabdrücke mit einem indonesischen Tjap eingefügt.

Materialien und Zubehör

Materialien

In der Enkaustikmalerei wird heißes, flüssiges Enkaustikmedium zum Träger der Farbpigmente. **Das populärste Enkaustikmedium ist eine Mischung aus Bienenwachs und Dammarharzkristallen.** Es gibt jedoch auch ein Enkaustikmedium, das aus einer Mischung von mikrokristallinem Wachs, Bienenwachs und Dammarharz oder Carnaubawachs besteht. Wachse können aus tierischen, pflanzlichen und mineralischen Rohstoffen hergestellt werden. Allen ist eine grundlegende Eigenschaft gemeinsam, denn sie sind alle wasserabweisend (hydrophob).

Enkaustikfarbe ist zusammengesetzt aus Bienenwachs, Dammarharz und Pigmenten.

Bienenwachs

Bienenwachs wird von Honigbienen produziert, die das Wachs zum Bau ihrer Waben verwenden. Ein Wachsplättchen einer Biene wiegt ca. 0,0008 g. Es benötigt ungefähr 150 000 Bienen, um ein Kilogramm Bienenwachs herzustellen.

Bienenwachs ist farblos bis weiß, wenn es von den Bienen ausgeschieden wird. Die goldgelbe Farbe des Wachses in den Waben stammt von den Farbstoffen des Propolis und der Pollen, den Flavoniden und Carotoniden. Wachsaromastoffe, Honig, Propolis- und Pollenaromastoffe geben dem Bienenwachs seinen einzigartigen Duft.

Nach der Extraktion ist das Wachs nicht rein, es muss deshalb gereinigt werden.

Die Farbe des Bienenwachses variiert von hellgelb bis dunkelgelb. Um weißes Bienenwachs zu erhalten, muss dies aufgehellt werden. Dies kann mechanisch durch Kohlenstoff-Filterung erreicht werden. Ebenso unbedenklich ist das Bleichen des Bienenwachses durch die Sonne.

Chemisch gebleichtes Bienenwachs wird durch Oxidation erreicht, durch Zugabe von Säuren, wie Schwefelsäure und Oxalsäure, sowie Wasserperoxid, die die Wachsqualität nicht schädigen sollen. Die Farbstoffe werden allerdings nicht entfernt und so kann es über längere Zeit zum Nachdunkeln kommen. Ebenso können die Pigmente mit den Oxidationssubstanzen reagieren.

Tipp: Daher empfiehlt es sich, für Enkaustik das mechanisch gebleichte Wachs zu verwenden.

Viele Künstler arbeiten auch mit dem natürlich aufgereinigten Bienenwachs, das seinen warmen, gelben Grundton behält.

Um das komplette Aushärten des Bienenwachses zu erreichen, gibt man Harz hinzu. Es erhöht den Schmelzpunkt und verhindert das Auskristallisieren der ungesättigten Kohlensäuren.

Bienenwachs verfügt über ausgezeichnete archivarische Eigenschaften: es ist wasserabweisend und besitzt eine antimikrobielle Wirkung, die Schimmel und andere Kleinorganismen bekämpft. Außerdem schützt es die beigemischten Pigmente vor UV-Strahlen.

Der Schmelzpunkt liegt bei 62–66 °C.

Mikrokristalline Wachse

Mikrokristalline Wachse gehören zu der Gruppe der Mikrowachse, die aus Erdöl gewonnen werden. Sie kommen im komplexen Gemisch vor und je nach Rohstoffanteilen und deren Eigenschaften werden sie in harte oder plastische Wachse unterteilt. Ihre Schmelzpunkte variieren.
Mikrowachse sind opak bis transluzent und können unterschiedliche Glanzgrade aufweisen. Ihre Farbgebung variiert von braun über gelb bis hin zu weiß. Mikrokristalline Wachse werden ebenso wie Bienenwachs in der Kosmetik- und Nahrungsmittelindustrie angewandt und werden für Mensch und Umwelt als unbedenklich eingestuft.
Sie weisen im Vergleich zu Bienenwachs und Paraffinwachsen eine deutlich höhere Plastizität und Klebrigkeit auf.
Diese Eigenschaft nutzen Künstler, wenn sie auf flexiblen Untergründen, wie Leinwand, malen, denn diese Leinwände können sogar aufgerollt und verschickt werden. Das Mikrowachs ist flexibel und bricht nicht. Bienenwachs ist hingegen brüchig und wird deshalb nur auf festen Untergründen, wie Holztafeln, angewandt oder aber auf Leinwand, die auf Holztafeln aufgespannt ist.
Mikrokristalline Wachse sind preislich günstiger als Bienenwachs, jedoch riechen sie auch nicht sehr gut. Je höher der Ölanteil, desto penetranter der Ölgeruch.
Der größte Nachteil der mikrokristallinen Wachse ist allerdings die schlechte Langzeitstabilität gegenüber Oxidation. Sie sind beschränkt UV-beständig und bei längerer Einwirkung führt dies zur Oberflächenoxidation, sie dunkeln nach und verfärben sich gelblich. Bei dunkel pigmentiertem Wachs ist dies weniger ein Problem, allerdings wird das Vergilben bei helleren Grundtönen, Weißtönen oder Lasuren sichtbar.
Der Schmelzpunkt liegt bei 60–90 °C

Carnaubawachs

Carnaubawachs ist ein Wachs, das von den Palmenblättern der Carnaubapalme stammt. Carnauba ist das härteste natürliche Wachs. Seine Farbe ist gelblich bis grünlich.
Carnauba kann dem Bienenwachs beigemischt werden, um es härter und hitzebeständiger zu machen. Es verfügt über gute feuchtigkeitsabweisende Eigenschaften und ist frei von Duftstoffen. Allerdings ist es sehr brüchig.
Der Schmelzpunkt liegt bei 80–87 °C.

Candelillawachs

Euphorbia antisyphilitica ist ein Busch, der in Nordamerika und Mexiko wächst. Aus seinen Stängeln und Blättern kann man das Candelillawachs gewinnen. Es ist hart und brüchig, gelblich-braun bis opak. Es kann ebenfalls als Härtesubstanz dem Bienenwachs oder einer Rezeptur mit mikrokristallinem Wachs beigemischt werden.
Der Schmelzpunkt liegt bei 67–79 °C.

Paraffin

Paraffin gehört ebenfalls zu den Mikrowachsen, die aus der Erdölraffinerie gewonnen werden. Allerdings handelt es sich hier um eine makrokristalline Struktur, die eine geringere Molekülmasse besitzt als mikrokristallines Wachs, somit ist auch der Schmelzpunkt geringer.
Paraffin ist transparent und sehr brüchig. Dies führt oftmals zu Rissen und zum Abblättern des Wachses.

❶ aufgereinigtes Bienenwachs (pharmazeutische Qualität), ❷ natürlich aufgereinigtes Bienenwachs, ❸ Dammarharzkristalle, ❹ mikrokristallines Wachs, ❺ Paraffin, ❻ Candelilla, ❼ Sojawachs

In der Kombination mit hochschmelzendem mikrokristallinen Wachs lässt sich die Plastizität und der Schmelzpunkt erhöhen. Bei Zugabe von 10–15 % mikrokristallinem Wachs wird die Wachsmasse opak und gleicht mit entsprechenden Färbemitteln dem Aussehen von Bienenwachs.
Paraffin kann benutzt werden, um Pinsel zu reinigen.

Viele Künstler verwenden Paraffin zum Gießen auf vorhandenes Bildmaterial, da es klar und durchsichtig ist. Es ist jedoch äußerst brüchig.
Paraffin ist das billigste Wachs und wird auch in der Lebensmittel- und Kosmetikindustrie verwendet. Der Schmelzpunkt liegt bei hochwertigen Mischungen bei 54–58 °C.

Sojawachs

Sojawachs hat einen sehr geringen Schmelzpunkt und ist somit nur begrenzt einsatzfähig in der Enkaustik, wird jedoch gerne für die Reinigung von Pinseln verwendet. Es ist biologisch abbaubar und hat einen natürlichen Ölgehalt. Die so gesäuberten Pinsel können dann mit Wasser und Seife gereinigt und für andere Malmedien benutzt werden. Da Sojawachs aus einem erneuerbaren Rohstoff, den Sojabohnen, gewonnen wird, ist es bei der Reinigung Paraffin, einem Produkt auf Erdölbasis, vorzuziehen.
Der Schmelzpunkt liegt bei 50 °C.

Dammarharzkristalle werden am häufigsten dem Bienenwachs beigemischt, um ein Enkaustikmedium herzustellen.

Dammarharzkristalle

Dammarharz wird aus einem südostasiatischen Baum gewonnen. Es ist hell bis transparent und weiß bestäubt.
Es darf nicht verwechselt werden mit Dammarlack, der Terpentin enthält und hochtoxisch ist, wenn er erhitzt wird.
Dammarharzkristalle sind im Fachhandel oder im Internet erhältlich. Künstler bevorzugen die kleinen Kristalle, die schon die optimale Größe zum Schmelzen haben.
Dammarharz wird am häufigsten dem Bienenwachs beigemischt, um das Enkaustikmedium herzustellen.
Es erhöht den Schmelzpunkt des Bienenwachses und es ermöglicht das Aushärten des Wachses und eine glänzende Oberfläche, wenn das Bild mit einem weichen Stoff poliert wird.
Die gesättigten Kohlenwasserstoffe des Dammars verhindern außerdem, dass die ungesättigten Kohlenstoffe des Wachses bei kalten Temperaturen kristallisieren. Diese bilden oftmals einen weißen, netzartigen Film auf der Oberfläche (alte Bienenwachskerzen sehen dadurch eher weißlich aus). Auch dies kann durch Polieren entfernt werden.
Der Schmelzpunkt liegt bei 107 °C.

Zubehör

Geheizte Paletten, Dosen und Container

Eine Palette kann jede flache Fläche sein, die beheizbar ist. Hier werden dann das Medium und die Enkaustikfarbe geschmolzen und flüssig gehalten. Eine elektrische Grillpfanne eignet sich gut als Palette, in der man die Farbe mischt.

Eine elektrische Warmhalteplatte eignet sich, um Dosen mit flüssiger Enkaustikfarbe und Wachspinsel warm zu halten. Eine Aluminiumplatte, die durch eine elektrische Heizplatte von unten gewärmt wird, stellt eine andere Alternative dar.

Wichtig sind der Temperaturregler oder ein Thermostat, das Sie auf die Aluminiumoberfläche legen können, um die Temperatur zu kontrollieren.

Um mehrere Farben gleichzeitig malfertig zu haben, sind Weißblechdosen, in denen die Farbe flüssig gehalten werden kann, geeignet. Je nach Budget kann dies eine Katzenfutterdose sein, oder aber spezielle Weißblechdosen für den Künstlerbedarf.

Enkaustikfarbe in Dosen und Pinsel, die auf einer Heizplatte warm gehalten werden (mit freundlicher Genehmigung von R&F HANDMADE PAINTS)

Enkaustikmedium und Pinsel auf einer elektrischen Grillpfanne, die elektrische Pfanne links daneben dient als Palette

Pinsel und andere Applikationswerkzeuge

Verwenden Sie immer Naturfaserpinsel, da die Borsten von Kunststoff- oder Plastikpinseln schmelzen! Ein Schweineborstenpinsel aus dem Baumarkt ist ausreichend. Typischerweise werden breitere Naturfaserpinsel für die Grundierungen mit Enkaustikmedium und die ersten zwei bis zehn Farbschichten verwendet.

Es empfiehlt sich, viele Pinsel zu besitzen. Dabei kann man traditionelle Naturfaserpinsel ebenso verwenden wie die etwas teureren Hake-Pinsel. Diese sind Flachpinsel aus sehr feinem Ziegenhaar. Da sie Flüssigkeit besonders lange halten und stetig abgeben, eignen sie sich besonders für die Enkaustik.

Viele Künstler verwenden für jede Farbe einen separaten Pinsel, da das pigmentierte Wachs schnell erkaltet und der Pinsel so aufbewahrt werden kann.

Palettmesser und Pfannenwender sind optimale Werkzeuge, um Wachs zu verarbeiten. Palettmesser können das Wachs großflächig verteilen und Pfannenwender können mit Wachs beladen werden, um Wachsspritzer oder Impastowachsaufträge zu erzielen.

Töpferutensilien werden verwendet, um Linien einzukerben, ebenso wie Ahlen, Plätzchenformen, Rasierklingen oder indonesische Tjaps.

Erkaltete Pinsel, die für Enkaustik benutzt worden sind, und warme Pinsel auf der Wärmeplatte

Kuchenheber, Pfannenheber, Silikonpinsel (Haushalt), Linoleumschnittwerkzeuge, Töpfernadel, Spachtel, Modellierschlingen, Palettmesser, Tapetenabkratzer, Schaber und Rasierklinge

Rasierklingen und Werkzeuge aus dem Töpferbedarf sind unentbehrlich, um Flächen freizukratzen, Wachs abzutragen, um darunterliegende Schichten freizulegen, oder aber um feine Linien zu schaffen. Ich habe meist eine Anzahl von sechs bis zehn Rasierklingen, die ich ständig verwende. Sie sind „das Radiergummi der Enkaustikmalerei", denn sie tragen Farbaufträge ab oder verfeinern Farbaufträge, indem sie Konturen säubern. Da das Wachs an den Rasierklingen kleben bleibt, lege ich sie zwischendurch immer wieder auf die heiße Wärmeplatte. Das Wachs schmilzt und löst sich von der Klinge. Nehmen Sie am besten ein Tuch, um die Rasierklinge von der Wärmeplatte anzuheben und wieder in Gebrauch zu nehmen. Alles Metall wird sehr schnell heiß und man kann sich leicht die Finger verbrennen. Legen Sie die gesäuberte Rasierklinge dann auf den Tisch, bis sie abgekühlt ist. So säubere ich auch Modellierschlingen und Spachtel oder Palettmesser.

Je länger man sich mit Enkaustik beschäftigt, desto einfallsreicher wird man hinsichtlich der Werkzeuge, die man einsetzt, um Oberflächen zu gestalten und zu variieren.

Werkzeuge zum Einschmelzen und zum Verbinden der Schichten

Bei der Enkaustikmalerei werden die Wachsschichten durch Hitze miteinander verbunden und verschmolzen. Im weiteren Verlauf des Buches wird dieser Prozess von mir mit dem Begriff „Einschmelzen" bezeichnet.
Hierzu gibt es verschiedene Werkzeuge im Handel:

Heißluftpistole
Eine Heißluftpistole ist sehr gut geeignet, um die Wachsschichten miteinander zu verschmelzen.
Achten Sie beim Kauf darauf, dass es mehrere Hitzestufen gibt und dass die Heißluftpistole nicht zu schwer ist, es kann sonst bei längerem Arbeiten zu Übermüdung der Armmuskulatur und zu Muskelbeschwerden kommen.

Propangasbrenner
Einen Propangasbrenner finden Sie in jedem Handwerkerfachhandel oder Baumarkt.
Die meisten Künstler verwenden einen Propangasbrenner, wenn Sie großflächig arbeiten und nicht mit einem Stromkabel hantieren möchten. Die Hitze ist sehr hoch und der Schmelzvorgang geht schneller – allerdings kann man auch schneller seinen Bildinhalt verlieren, wenn das Wachs zu schnell und unkontrolliert schmilzt. Butangasbrenner sind noch heißer. Überlegen Sie sich, ob Sie eine offene Flamme im Atelier haben wollen.
Wenn Sie mit Textilien oder aber Schablonen arbeiten, empfiehlt es sich auf jeden Fall, kleinere Propangasbrenner zu verwenden, die für die Herstellung von Crème brûlée im Küchenbedarfshandel verkauft werden.

Maleisen, Bügeleisen
Sie können jedes Bügeleisen verwenden, jedoch gilt auch hier: ein genauer Temperaturregler ist ein absolutes Muss!
Es gibt im Künstlerbedarf spezielle Maleisen für Enkaustik zu kaufen. Einige Künstler verwenden Wachsbügeleisen, die im Sportfachhandel angeboten werden, um Skier zu wachsen.
Es ist nicht ganz einfach, mit dem Bügeleisen zu arbeiten. Je länger das Bügeleisen auf einer Fläche bleibt, desto schneller die Hitzeapplikation. Das Wachs schmilzt, die Farbschichten vermischen sich und es kann zu unerwünschten Schmutztönen kommen, die Sie über die ganze Fläche verteilen. Überschüssiges Wachs muss daher regelmäßig abgeputzt werden.
Malen Sie unbedingt mit Enkaustikmedium zwischen den Farbschichten, um ein Vermischen der Schichten zu vermeiden. Bei Collagen oder fotografischen Elementen kann das Arbeiten mit dem Bügeleisen aber zu glatten Schichten führen.

Glühlampen, Flutstrahler
Eine herkömmliche Glühlampe von 100–200 Watt wird von Künstlern zum Beispiel dann verwendet, wenn sie eine gleichmäßige, langsame, kreisförmig ausstrahlende Hitze benötigen.
Hier muss der Abstand beachtet werden und das Bild sollte waagerecht liegen.

Sonnenenergie
Wenn Sie *en plain air* malen, können Sie tatsächlich auch das Sonnenlicht nutzen und es mittels eines Vergrößerungsglases auf der Enkaustikoberfläche bündeln.

Von vorne nach hinten: Maleisen, Heißluftpistole, Propangasbrenner

Heaven on Earth – Himmel auf Erden
Enkaustik auf Holz, ca. 122 x 91,5 cm

In „Himmel auf Erden" habe ich eine sehr glatte Oberfläche in der Bildmitte in Blau gegen eine gespachtelte, gekratzte und strukturierte Erdoberfläche gesetzt. Die zwei unterschiedlichen Techniken sollen die zwei unterschiedlichen Ebenen symbolisieren.

Detail: In den ebenfalls glatten Himmelbereich habe ich mehrfach sowohl den englischen als auch den deutschen Titel eingraviert.

Bildträger und Malgründe

Die meisten Künstler bevorzugen es, auf Holzkörpern zu malen. Eine hochwertige Sperrholzplatte als Malgrundlage mit fachmännisch gezinkten Seitenteilen bietet der Fachhandel ebenso an wie ein spezielles Encausticbord™. Alternativ können Sie aber auch auf Massivholz oder hochwertigen Sperrholzplatten malen.

Grundregel: alle Malgründe oder Trägermaterialien müssen absorbierend, hitzebeständig und wenn Sie mit Bienenwachs arbeiten auch rigide sein.

Wenn Sie auf Papier, Textilien oder auf Leinwand malen, dann müssen diese auf einen festen Holzgrund aufgezogen werden. Flexible Bildträger können nur bedingt verwendet werden, da das Enkaustikmedium mit Bienenwachs zu brüchig ist und bei flexiblen Krümmungen und Biegungen des Bildträgers abplatzen kann.

Wenn Sie ein Enkaustikmedium mit mikrokristallinem Wachs verwenden, können Sie auf Papier und Leinwand malen und diese sogar aufrollen, ohne dass das Enkaustikmedium bricht.

Andere Bildträger, wie unglasierte Keramik, Holzskulpturen, Gips, Stein oder Lehmputze, sind möglich, solange sie absorbierend sind. Einige Künstler verwenden auch sandgestrahlte (aufgeraute) Plexiglasscheiben.

Die ersten Schichten des Enkaustikmediums müssen sehr sorgfältig eingeschmolzen werden. Ziel ist es, eine kontinuierliche, solide Struktur zu erschaffen, indem das Enkaustikmedium in die Poren des Trägermaterials aufgenommen wird und sich mit ihm verbindet. Dies ist die wichtigste Grundlage für alle nachfolgenden Schichten.

Ohne diese einheitliche Verschmelzung und Haftung auf dem Trägermaterial riskiert man, dass sich das Bild bei Temperaturschwankungen oder auch Erschütterungen von der Grundlage löst. Temperaturschwankungen können zur Ausdehnung oder zum Kontrahieren des Enkaustikmediums führen.

Bildträger

Holzkörper

Hochwertige Spanplatten aus Birkenholz oder Ahorn sind ideal. Sie verziehen sich nicht und sind leicht im Gewicht. MDF-Holzplatten sind ebenfalls geeignet und absorbierend, aber schwerer im Gewicht.

Dünnere Spanplatten von einem halben Zentimeter benötigen Unterstützung durch einen Holzrahmen, damit sich die Platten nicht verziehen oder verbiegen können. Bei stärkeren Spanplatten von zwei Zentimetern ist dies kein Problem.

Leinwand

Die Leinwand sollte Rohgewebe sein und nicht mit herkömmlichem Acrylgesso grundiert sein, da diese Grundierung nicht genügend absorbierend ist.

Im Fachhandel gibt es neuerdings spezielles Gesso für Enkaustik. Diese hochfeste, saugfähige Grundierung enthält im Vergleich zum üblichen Gesso wesentlich weniger Bindemittel. Man kann auch direkt auf das Rohgewebe malen, braucht also nicht zwingend eine Grundierung. Allgemein ist das Aufziehen der rohen Leinwand auf Holzplatten zu empfehlen. Nicht grundierte Leinwände sind weniger rigide. Es kann beim Einschmelzen des Wachses zum Durchhängen der Leinwand kommen, wobei sich dann das Wachs in der Mitte sammelt. Je größer die Leinwand, desto besser ist es, ein Enkaustikmedium mit mikrokristallinem Wachs zu verwenden und/oder die Leinwand auf Holz aufzuziehen.

Hochwertige Birkensperrholzplatten mit Seitenteilen

Papier

Grundsätzlich eignet sich jedes absorbierende Papier für die Enkaustikmalerei. Werden mehrere Schichten auf das Papier gemalt oder gedruckt, empfiehlt es sich, das Papier auf eine starre Fläche aufzuziehen oder aufzukleben.

Wird das Papier jedoch durchtränkt, wie zum Beispiel bei der Monotypie, oder wenn man beispielsweise einen fotografischen Druck in das Wachs gibt oder mit Wachs überzieht, benötigt man keine feste Unterstützung, da das Wachs in diesem Fall nicht auf dem Papier sitzt, sondern in den Fasern. Es kann somit nicht abplatzen.

Monotypie in Enkaustik – das mit Wachs durchdrungene Papier wird lichtdurchlässig

Dünnes Papier, das mit Wachs getränkt worden ist, wird zudem lichtdurchlässig. Künstler nutzen diese durchscheinende Eigenschaft für Installationen mit Lichtquellen.

Arbeiten auf Papier können in unterschiedlicher Weise präsentiert werden:
- aufgezogen auf Holz
- unter Glasrahmen
- von der Decke hängend
- an der Wand mit Magneten befestigt.

Das Wachs versiegelt das Papier und schützt es vor UV-Licht.

Textilien

Textilien können wie Papier mit Wachs durchtränkt werden. Künstler verwenden Stoff und Enkaustik in Collagen, in zweidimensionalen Bildern oder als dreidimensionale Skulpturen.
Auch hier kann das Wachs dem Stoff eine durchsichtige, leuchtende und farbverstärkende Qualität verleihen.

Skulpturen mit Enkaustik

Skulpturen

Allgemein können alle Materialien, die porös sind, mit Wachs überzogen werden, seien es Keramik, Gips, Zement, Karton, Holz, Pappmaché, Stein oder auch einfache Kartonschnur oder Seile, die nicht versiegelt sind. So ist auch hier die vielseitige Anwendung des Wachses sehr beliebt.

Plexiglas

Einige Künstler, die besonders an Installationen mit Licht interessiert sind, haben sich die Lichtdurchlässigkeit des Wachses in Kombination mit transparenten Bildgründen, wie Plexiglas oder sogar Glas, zunutze gemacht. Glas ist jedoch Temperaturschwankungen ausgesetzt, und dies ist in Kombination mit Enkaustik nicht sehr empfehlenswert, da eine Ausdehnung und im Gegenzug Kontraktion des Glases zu Rissen führen kann.
Plexiglas wird in verschiedenen Stärken angeboten, und dies ist insofern von Bedeutung, als dass der Bildgrund nicht flexibel sein sollte. In der Verwendung mit Holzrahmen lässt sich die Flexibilität des Plexiglases zudem verringern.
Da das Plexiglas nicht absorbierend ist, kann man es mit Sandpapier aufrauen, oder aber von vornherein sandbestrahltes Plexiglas verwenden, um dem Wachs mehr Fläche zum Binden zu geben. Allgemein gilt jedoch, dass aufgrund der nicht optimalen Bindung von Wachs auf dem Bilduntergrund, die Bildaufträge und Schichten auf Plexiglas dünn gehalten werden sollten.

Malgründe

Der Malgrund für Enkaustik sollte saugfähig sein. Viele Künstler bevorzugen für ihre Enkaustikmalerei einen weißen Malgrund, da er den Farben eine einzigartige Brillanz verleiht, die durch das reflektierte Licht, das durch die transparenten Schichten wandert, noch erhöht wird.

Enkaustikmedium

Die ersten Grundierungen erfolgen mit Enkaustikmedium. Mindestens zwei Schichten sollten gründlich eingeschmolzen werden. Für einen weißen Malgrund legen Sie eine weiße Enkaustikschicht darüber. Seien Sie vorsichtig, denn wenn Sie nachfolgende Schichten einschmelzen, kann auch diese weiße Schicht flüssig werden und nach oben dringen.

Besonders Titanium Weiß, ein sehr starkes, opakes Pigment, hat die Tendenz, in kleinen weißen Tröpfchen nach oben aufzusteigen. Dies kann reduziert werden, indem man nach der weißen Enkaustikschicht einige klare Schichten mit Enkaustikmedium aufträgt. Diese wirken dann als Barriere zu den nachfolgenden Schichten.

Gesso

Als Gesso empfiehlt es sich, ein spezielles Enkaustikgesso zu verwenden, da das Acrylgesso wenig absorbierend ist und sich für Enkaustik somit nicht eignet. Das spezielle Gesso für Enkaustik ist schnell trocknend und sehr einfach zu handhaben.

Gips-Kreidegrund

Ein herkömmlicher Gips-Kreidegrund bietet die Möglichkeit, auf dem Malgrund zu skizzieren und zu zeichnen.

Papier

Möchte man Papier als Malgrund verwenden, so muss dieses auf Holz aufgezogen werden. Auch hier bietet sich die Möglichkeit, zu skizzieren und zu zeichnen.

Encausticbord™

Die Firma Ampersand bietet ein spezielles Board für Enkaustik an, es ist sowohl als flaches Panel wie auch im Rahmen im Fachhandel erhältlich.

Encausticbord™ als Malgrund verfügt über eine gebrauchsfertige Oberfläche.

31

Through the Thicket past the Blue
Enkaustik auf Holz, ca. 51 x 51 cm
Die Blüten sind vollständig mit den Fingern und Ölfarbe gestaltet worden. Anschließend habe ich sie vorsichtig eingeschmolzen.

Detail: Mithilfe eines indonesischen Tjaps wurden sowohl Abdrücke als auch Farbdrucke, die auf der Oberfläche sitzen, geschaffen.

Enkaustikmedium und -farbe

Enkaustikmedium

Enkaustikmedium ist die Basissubstanz, der Träger, der die Pigmente bindet, es kann entweder selbst hergestellt oder als Enkaustikmedium im Handel erworben werden.
Einige Künstler malen mit reinem Bienenwachs, die meisten verwenden ein Medium, das sich aus Bienenwachs und Dammarharz zusammensetzt.
Je nach Vorlieben, erwünschten Effekten und Maluntergründen kann das Enkaustikmedium aus den verschiedenen Wachsen hergestellt werden.

Rezepte

Das gängigste Rezept lautet: **1 Teil Dammarharz zu 8 Teilen Bienenwachs, 1:8.**
In heißeren Klimaregionen verwenden Künstler ein Gemisch aus **2 Teilen Dammarharz zu 9 Teilen Bienenwachs, 2:9.**

Bienenwachs, Dammarharzkristalle und selbst hergestelltes Enkaustikmedium

Erhöht man den Anteil des Harzes, erhöht sich der Schmelzpunkt, das Medium wird härter, glänzt mehr, wird weniger formbar und somit spröder.
Es gilt daher vorsichtig zu sein, denn je höher der Harzanteil ist, desto brüchiger wird das Wachs, wenn es ausgehärtet ist.
Gerade die Bildränder oder die Wachslippen sind besonders anfällig für Abbrüche und Risse, wenn das Bild zum Beispiel transportiert oder unvorsichtig auf den Boden gestellt wird.
Mikrokristalline Wachse werden mit Bienenwachs und mit Paraffin oder Dammarharz gemischt.
Ein gängiges Rezept lautet: **5 Teile Bienenwachs zu 2 ½ Teilen mikrokristallinem Wachs und 2 Teilen Dammarharz oder Paraffin, 5 : 2 ½ : 2.**
Viele Künstler mischen auch **nur 2 Teile Bienenwachs zu 1 Teil mikrokristallinem Wachs 2:1.**
Auch hier gilt es, selbst zu experimentieren. Vorsicht auch bei der Auswahl von mikrokristallinen Wachsen! Einige mikrokristalline Wachse sind härter oder weicher als andere, dementsprechend verändert sich der Anteil der Härtesubstanz.

Schmelzen der Dammarharzkristalle

Schmelzen des Bienenwachses

Herstellung des Enkaustikmediums

Das Herstellen des Enkaustikmediums ist einfach. Man benötigt einen Topf, eine Kochplatte oder aber einen elektrischen Suppentopf, Speisewärmer oder eine Elektropfanne, idealerweise mit einem Temperaturregler, der die Gradzahl anzeigt.

Da das Dammarharz einen höheren Schmelzpunkt hat als das Bienenwachs, sollte man das Harz zuerst bei ca. 107 °C schmelzen. Verwenden Sie kleine Harzkristalle, diese schmelzen schneller. Wenn das Dammarharz geschmolzen ist, geben Sie das Bienenwachs dazu und regeln die Temperatur hinunter auf 80–90 °C.

Das Dammarharz kann auf den Boden absinken und etwas zähflüssig sein. Um dies zu verhindern, rühren Sie regelmäßig um, bis sich alles gleichmäßig vermischt und eine einheitliche Konsistenz hat, und/oder regeln Sie kurzfristig die Temperatur etwas höher.

Da das Dammarharz Rückstände von Zweigen und Rinde enthält, muss das Medium gefiltert werden, bevor es in Backformen aus Silikon (Haushaltsbedarf) gegossen werden kann. Ein Kaffeefilter mit Sieb für Kaffeemaschinen eignet sich hervorragend zum Filtern. Es gehen auch Saftfilter mit einem feinmaschigen Sieb oder aber ein Seihtuch. Mit einem Suppenlöffel kann man das Medium durch den Filter in die Silikonbackformen gießen. Aus den Silikonbehältern lässt sich das erkaltete Medium durch einfaches Herausdrücken aus den Formen lösen.

Gießen des Mediums durch den Filter

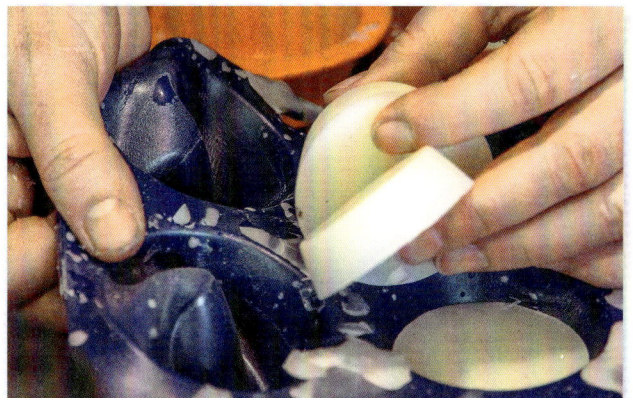
Einfaches Herausdrücken des Mediums aus der Silikonform

Enkaustikfarbe

Enkaustikfarbe ist Enkaustikmedium, das mit Farbpigmenten angereichert und vermischt ist. Diese Farbpigmente können als pulverförmige Pigmente, Ölfarbe oder aber als kommerzielle, vorgefertigte Enkaustikfarbblöcke dem Enkaustikmedium beigemischt werden.

Enkaustikmedium und Enkaustikfarbblöcke

Enkaustikmedium und Farbblöcke werden im Handel auch fertig angeboten.
In den Farbblöcken werden durch ein hoch professionelles Herstellungsverfahren die feinen Partikel der Pigmente gleichmäßig im Wachs gelöst. R&F HANDMADE PAINTS beispielsweise bietet ca. 80 Farbtöne in ihren Enkaustikfarben an.

Die Farbblöcke sind hoch angereichert mit Pigmenten. Daher lassen sie sich gut portionieren und mit flüssigem Enkaustikmedium mischen und somit verdünnen. Dadurch halten die Farbblöcke länger vor.
Je mehr Enkaustikmedium beigemischt wird, desto transparenter wird die Farbe.

Enkaustikmedium und Ölfarbe

Enkaustikfarbe kann auch durch sorgfältiges Vermischen von Enkaustikmedium mit Ölfarbe hergestellt werden.
Dabei sollte jedoch das Mischverhältnis 30 % Ölfarbe zu 70 % Wachs nicht überschritten werden, damit die Konsistenzbedingungen des Wachses erhalten bleiben.
Ölfarbe macht das Medium weicher und die Enkaustikfarbe wird stumpfer und kann weniger auf Hochglanz poliert werden. Man kann die Ölfarben einige Stunden vor Gebrauch auf ein absorbierendes Küchenpapier ausdrücken und dort „sitzen lassen", um somit der Farbe das Öl zu entziehen.
Sie können die Ölfarbe direkt in das flüssige Medium mischen und dann alles gut mit dem Pinsel verrühren, bis die Konsistenz einheitlich ist.

Ölfarben, Ölsticks, Ölpastelle und Pigmentsticks

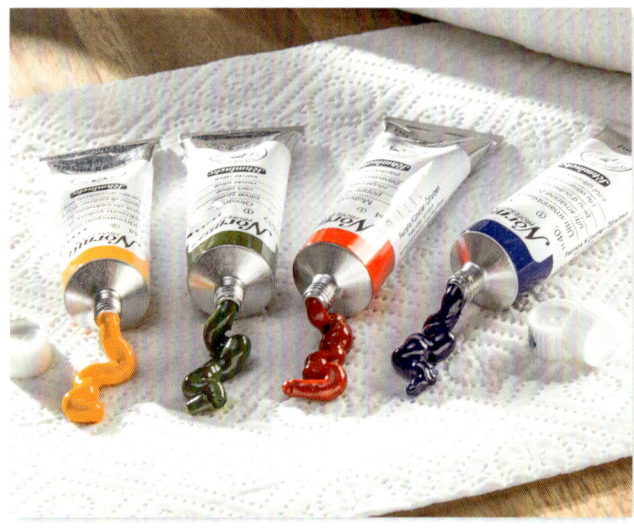
Ölfarben, denen das Öl entzogen wird

Vorgefertigte Enkaustikfarbblöcke lassen sich gut portionieren und mit flüssigem Enkaustikmedium mischen.

Ein Pinsel, der mit flüssigem Enkaustikmedium getränkt ist, wird mit Pigmenten beladen.

Der mit Pigment beladene Pinsel wird wieder in das Enkaustikmedium eingetaucht.

Enkaustikmedium und pulverförmige Pigmente

Viele Künstler verwenden pulverförmige Pigmente, um sie dem Enkaustikmedium beizumischen. Dabei gelten die eingangs beschriebenen Sicherheitsvorkehrungen, siehe „Besondere Hinweise für das Arbeiten mit Wachs", Seite 12/13.
Erst wenn die Pigmente im Enkaustikmedium suspendiert sind, gelten sie als sicher.

Ein Trick ist es dabei, den Pinsel erst in das flüssige Medium/Wachs zu tauchen und dann in die Pigmente einzutauchen. Dadurch werden die Pigmente sofort an das Medium gebunden und es fliegen keine Pigmentpartikel in der Luft. Der Pinsel wird wieder in das flüssige Medium eingetaucht und die Pigmente werden verrührt.

Enkaustikmedium und Ölpastellstifte

Ölpastelle enthalten hochgradige Pigmente, jedoch auch Paraffin und Ölanteile als Bindemittel. Werden sie dem Enkaustikmedium zugesetzt, verändern sich der Geruch des Mediums und der Härtegrad, außerdem wird die Farbe matter.
Sie sind nicht als Pigmentquelle zu empfehlen, jedoch können mit ihnen wirkungsvolle Effekte erzielt werden, wenn sie als Malmittel auf der Enkaustikoberfläche in der Mixed-Media-Technik eingesetzt werden.
Hinweis: Wachsmalstifte sind grundsätzlich nicht zu empfehlen. Die Farbe ist meist nicht lichtecht und das Wachs ist Paraffin und enthält einen großen Anteil an Bindemitteln und Zusätzen.

Enkaustikmedium und Pigmentsticks

Pigmentsticks sind hochwertige Ölsticks von R&F HANDMADE PAINTS. Sie enthalten Ölfarbe mit hochangereicherten Pigmenten und natürlichen Wachsen. Anders als bei herkömmlichen Ölsticks wird hier auf Füllstoffe und Zusätze verzichtet. Sie sind von einer weichen Konsistenz, vergleichbar mit einem Lippenstift. Es ist sehr einfach, kleine Stücke eines Pigmentsticks abzuschneiden und dem Enkaustikmedium hinzuzufügen, um somit die Pigmentierung zu erhalten.

Pigmentsticks von R&F HANDMADE PAINTS sind im Fachhandel erhältlich.

Aeon (Passage)
Enkaustik auf Holz, ca. 40,6 x 40,6 cm

Die Farbe wurde hier zum Teil gespachtelt und aufgespritzt. Die kastanienbraune Fläche besteht aus aufgeriebener Ölfarbe, die ich im Anschluss eingeschmolzen habe.

Aeon (Touch Down)
Enkaustik auf Holz, ca. 40,6 x 40,6 cm

Bei diesem Bild kam die gleiche Technik wie beim Werk „Aeon (Passage)" zum Einsatz. Die verspachtelte Farbe ist nur sehr gering eingeschmolzen und liegt somit auf der Oberfläche.

Der Anfang

Grundieren

Die ersten zwei Schichten werden zur Grundlage aller weiteren Malaufträge. Deswegen ist besondere Sorgfalt beim Einschmelzen der Schichten geboten. Es ist wichtig, dass eine solide Verbindung des Wachses mit dem Malgrund entsteht. Malen Sie zügig und flüssig Ihre erste Schicht. Das Wachs erkaltet in 2–4 Sekunden!

Erst wenn das Holz oder der Bildträger komplett mit Wachs bedeckt ist, wird diese Schicht mit der Heißluftpistole oder dem Propangasbrenner eingeschmolzen. Dies ist besonders wichtig, wenn Sie einen Propangasbrenner verwenden, um nicht die Holzfläche anzubrennen.

In kleinen kreisenden Bewegungen wird die Wachsschicht eingeschmolzen. Sie sehen, wie das Wachs flüssig und glänzend wird. Bleiben Sie nicht zulange an einer Stelle, da Sie sonst ein Loch in der Wachsschicht verursachen und sogar einen dunklen Fleck in das Holz einbrennen können.

Halten Sie den Propangasbrenner oder die Heißluftpistole leicht angewinkelt zur Bildfläche. Wenn die gesamte Fläche eingeschmolzen ist, lassen Sie sie kurz abkühlen, bis das Wachs erhärtet. Anschließend nehmen Sie eine Rasierklinge und schaben das überschüssige Wachs im Faserverlauf des Holzes, also mit der Maserung, solange wieder ab, bis Sie eine glatte Oberfläche haben, dann folgt die zweite Grundierung, das heißt, Sie wiederholen den Vorgang.

Auch beim zweiten Auftrag wird das überschüssige Wachs mit dem Rasiermesser abgeschabt.

Bei kleineren Bildern ist das Abtragen des überschüssigen Wachses mit der Rasierklinge nicht unbedingt nötig, da man leichter die Übersicht behält. Bei größeren Bildern ist diese Technik von Vorteil, da dies erstens garantiert, dass die gesamte Fläche sorgfältig mit Wachs bedeckt und eingeschmolzen wurde und zweitens, dass es wenig Unebenheiten gibt. Selbst wenn an einer Stelle mehr Wachs aufgetragen wurde als anderswo, wird dies

Schmelzen des Enkaustikmediums

Grundierung mit Enkaustikmedium

zu einem einheitlichen Flächenauftrag wieder abgeschabt. Dies ist besonders wichtig, wenn man eine glatte Oberfläche wünscht.
Wenn Sie mit einem weißen Grund anfangen möchten, empfiehlt es sich, eine Grundierung mit Enkaustikgesso vorzunehmen (siehe Seite 31). Dann folgen die Wachsschichten.
Mit dem im Fachhandel erhältlichen Encausticbord™ von Ampersand wird alternativ auch ein fertiger weißer Malgrund angeboten.

Einschmelzen mit der Heißluftpistole

Abschaben des überflüssigen Wachses mit der Rasierklinge

Technik des Einschmelzens

Das Hantieren mit der Heißluftpistole oder mit dem Propangasbrenner muss geübt werden. Vermeiden Sie, das Werkzeug beim Einschmelzen senkrecht zu halten und richten Sie die Hitze nicht zu lange auf einen Fleck. Es entstehen sonst sehr schnell sogenannte „hot spots", heiße Stellen, in denen das Wachs zu schnell schmilzt, das Wachs anfängt Blasen zu werfen, oder aber zur Seite schwimmt, sodass die Hitze die Holzfläche verfärbt.

Halten Sie die Heißluftpistole oder den Propangasbrenner stattdessen leicht angewinkelt bis fast parallel zur Bildfläche, und führen Sie diese in kreisförmigen Bewegungen über die Bildfläche.

Um die Hitzezufuhr zu verringern, vergrößern Sie den Abstand zum Bildträger.

Beim Einschmelzen können kleine Löcher entstehen, (als ob Sie mit der Nadel hineingestochen hätten), dies sind aufsteigende Luftblasen, die an der Oberfläche platzen. Sie entstehen meistens, wenn man eine Stelle mehrere Male mit großer Hitze behandelt hat.

Hinweis: Die Luftblasen entstehen dadurch, dass die Luft, die im porösen Holzträger eingeschlossen ist, sich bei Hitze ausdehnt und durch das Wachs nach oben steigt. Je höher die Qualität des Holzes, desto weniger Lufteinschlüsse gibt es.

Mindern Sie die Hitze, und gehen Sie noch einmal vorsichtig kreisend über die Luftlöcher. Manche lassen sich sofort verschließen, manche sind sehr hartnäckig und bleiben. Versuchen Sie es mit Enkaustikmedium! Übermalen Sie die Stelle damit, und schmelzen Sie diese wieder vorsichtig ein.

Geben Sie die Pigmente in das Enkaustikmedium.

Vermischen Sie alles einheitlich.

Erste Farbaufträge

Für erste Farbaufträge mischen Sie zum Enkaustikmedium die Farbpigmente. Sie können entweder Ölfarbe oder Pigmente dazumischen oder aber fertige Enkaustikfarbblöcke verwenden (siehe „Enkaustikfarbe", Seite 36).
Auf dieser Seite sehen Sie die Arbeitsschritte mit der Beimischung von Pigmenten abgebildet.
Geben Sie das Pigment direkt in das geschmolzene Medium, und vermischen Sie das Medium und das Pigment mit dem Pinsel sehr sorgfältig. Den anschließenden Farbauftrag nehmen Sie zügig und gleichmäßig vor, ein weicher Hake-Pinsel wird dabei so gut wie keine Pinselstriche hinterlassen, während ein Borstenpinsel Striche erkennen lässt. Wenn Sie statt Pigment und Enkaustikmedium fertige Enkaustikfarbblöcke verwenden möchten, so gilt auch hierfür, dass die Farbblöcke vor der Verarbeitung erst auf einem beheizten Untergrund geschmolzen werden müssen. Die geschmolzene Farbe wird zügig verarbeitet und dann abermals auf der Oberfläche eingeschmolzen, um jede Schicht zu verbinden.

Malen Sie flüssig und zügig die Farbschicht auf.

Verschmelzen Sie die Schichten.

Mischen der Farbe

Zum Erwärmen und Mischen der Enkaustikfarbe/Pigmente und des Mediums ist eine beheizte Palette ein wesentliches Werkzeug. Alternativen wie elektrische Pfannen und Töpfe sind auf Seite 21 beschrieben. Wichtig hierbei ist vor allem, dass Ihre Palette mit einer Temperaturkontrolle ausgestattet ist. Enkaustikmedium für sich gesehen ist Farbe ohne Pigment. Es wird verwendet, um fertige Enkaustikfarben zu verlängern, Pigmente aufzunehmen oder um Transparenz und Bildtiefe zu schaffen.

Geben Sie für eine neue Farbe das gewünschte Pigment in Ihr Enkaustikmedium.

Mischen Sie das Pigment und das Enkaustikmedium gut, sodass ein konsistenter Farbton entsteht.

Farben

Bei der Farbenlehre gelten für die Enkaustik in etwa die gleichen Leitlinien wie für die Öl- und Aquarellmalerei. Diese Maltechnik nutzt das Licht der Oberfläche, also zum Beispiel einen weißen Untergrund wie das Aquarell auch, aber sie erlaubt dem Maler auch, Licht durch Lasuren und Farbtöne zu erzeugen.

Man kann die Farbe in der Enkaustikmalerei nicht auf der Bildoberfläche ineinander vermischen, wie beispielsweise bei Ölfarbe, sondern erreicht die Mischung der Farben durch die Schichtmalerei und den Brechungsindex des Lichtes, das durch die Schichten wandert. Ist die Farbe transluzent, wirkt sie wie eine Lasur bei den altmeisterlichen Ölbildern. Das Licht wandert durch die Lasurschichten und illuminiert das Bild von innen heraus.

Es ist aber dennoch ein wenig komplizierter, da wir die Farbe erhitzen. Das heißt, es gibt viele Farben, die ihren Farbton verändern, wenn sie geschmolzen werden, und dies geschieht sogar in Abhängigkeit vom Grad der Hitzezufuhr.

Transparenz gegenüber Lichtundurchlässigkeit

Die Malerei der Enkaustik lebt vom Wechselspiel unterschiedlicher Farbaufträge. Das Licht wandert durch die transparenten Schichten und illuminiert das Bild von innen. Verschiedene Grade von Transparenz und Opazität tragen zur Tiefenwirkung eines Bildes bei.

Der erste Farbauftrag wirkt meist leicht transparent, jedoch schon beim zweiten Auftrag wird die Farbe opak.

Veränderungen in der Transparenz lassen sich durch das Mischverhältnis von Pigment zu Medium erreichen. **Je größer der Enkaustikmedium-Anteil, desto transparenter wird die Farbe – je mehr Pigmente Sie beimischen, desto opaker wird die Farbe.**

Sie können jedoch auch transparente oder aber opake Pigmente verwenden. Die Eigenschaft der Pigmente entnehmen Sie dem Aufkleber des Pigments oder der Farbe, die Sie zum Mischen verwenden.

Verschiedene Grade von Transparenz und Opazität

Wenn die Farbe erkaltet, steht sie mit dem Brechungsindex des Lichtes und der Luft in Wechselwirkung. Sie erhellt sich und es entstehen Zwischentonfarben. Es geht aber noch weiter, denn wenn Sie die Farbe auf dem Bild mit der Heißluftpistole einschmelzen, erwärmen Sie auch darunterliegende Schichten, die sich mit der obersten Farbschicht vermengen. Sie mischen also Farbe während dieses Prozesses.

Aus diesem Grund entstehen in der Malerei der Enkaustik viele Bildentwicklungen, die sich oft nicht wiederholen lassen. Und es ist eine Kunst in sich, dieses Geschaffene zu verstehen und auch so stehen zu lassen. Viel zu oft gehen wunderschöne Flächen oder Farbnuancen verloren, wenn man das Bild noch ein „klein bisschen" bearbeiten will und dabei lassen sich die kleinen, einzigartigen Schätze dann nicht wieder reproduzieren. **Vielleicht ist dies der Grund, warum die Malerei mit Enkaustik zur Besessenheit werden kann – man jagt ständig der Schönheit des „gerade Gewesenen" hinterher.**

Das Reinigen des Pinsels und der Palette

Um den Pinsel zu reinigen, tauchen Sie ihn in heißes Bienenwachs oder Medium und wischen ihn an einem flusenfreien Papiertuch ab. Sie können ihn dann für eine neue Farbe verwenden.
Wenn Sie den Pinsel abschließend säubern möchten, reinigen Sie ihn mit heißem, flüssigen Sojawachs.

Hierbei ist es hilfreich, einen Behälter mit geschmolzenem Sojawachs auf der Palette zu haben. Tauchen Sie ihn anschließend in warmes Pflanzenöl (Sonnenblumenöl zum Kochen), und waschen Sie ihn dann mit Seife und Wasser aus, auf diese Weise bleibt der Pinsel schön geschmeidig.

Zum Reinigen des Pinsels sollten Sie ein flusenfreies Tuch verwenden.

Nehmen Sie ein Tuch und reinigen Sie immer dann Ihre Palette, wenn Sie eine komplett neue Farbe wünschen.

Um die Pinsel jederzeit einsatzbereit zu haben, sollten sie möglichst auf einer warmen Palette liegen. Ungenutzte Wachspinsel werden wie das Wachs hart, wenn sie erkalten. Es geht kostbare Zeit verloren, wenn man sie erst wieder anwärmen muss, um sie geschmeidig zu bekommen.

Extinguish Thou my Eyes
Enkaustik auf Holz, 76 x 76 cm

Bei diesem Bild wurde Ölfarbe mit den Fingern aufgetragen, um das fließende Wasser darzustellen. Anschließend wurden die Farbaufträge vorsichtig eingeschmolzen. Der Hintergrund wurde gespachtelt und anschließend großflächig abgeschabt und abgekratzt, um darunterliegende Farbschichten wieder freizulegen.

Aeon (Karthasis)

Enkaustik auf Holz, ca. 40,6 x 40,6 cm

Hier wurden auf die Oberfläche sowohl Ölfarbe als auch Pigmente direkt eingerieben und anschließend eingeschmolzen.

Aeon (Arc d'Or)
Enkaustik und Blattgold auf Holz, ca. 40,6 x 40,6 cm

Blattgold wurde aufgelegt und teilweise eincollagiert. Ölpastellaufträge in Bronze und Grün akzentuieren den Boden.

Glatte Oberflächen

Indirekte Schmelzmethode mit der Heißluftpistole

Für glatte Oberflächen eignen sich breite Hake-Pinsel besser, da sie die Farbe kontrollierter abgeben und sie einen längeren Pinselstrich ermöglichen. Gleichmäßiger Farbauftrag und ein erwärmter Holzträger vermindern Spuren des Pinselstrichs. Grundieren Sie sorgfältig, wie auf Seite 42 beschrieben. Bei großen Flächen schaben Sie nach dem ersten Einschmelzen das überschüssige Wachs ab, so entstehen keine Unebenheiten.

Schmelzen Sie dann mit geringerer Hitze und mehr Kontrolle ein, bis Sie eine einheitliche glatte Oberfläche erhalten. Hierzu eignet sich eine Heißluftpistole besser, da die Hitzezufuhr geringer und einheitlicher ausfällt. Ein langsames und sorgfältiges Einschmelzen führt zu einer Oberfläche, die an Emaille erinnert.

Einige Künstler erhitzen ihre Holzträger, bevor Sie die ersten Grundierungen auftragen, um die Spuren des Pinselaufstrichs von vornherein zu verringern. Die Erwärmung des Holzes kann man mithilfe der Heißluftpistole behutsam erreichen oder aber man legt (kleinere) Holzplatten auf eine Heizung. Wenn Sie warme Farbe auf einen warmen Malgrund auftragen, fließt die Farbe gleichmäßiger.

Grundsätzlich verlangen glatte Oberflächen ein langsameres, sorgfältiges Arbeiten, sowohl beim Pinselauftrag als auch bei der Arbeit mit der Heißluftpistole.

Ein sorgfältiges Einschmelzen führt zu einer glatten Oberfläche, die an Emaille erinnert.

Direkte Schmelzmethode mit dem Mal- oder Bügeleisen

Bei der Verwendung des Maleisens wird die Oberfläche direkt mit dem beheizten Werkzeug bearbeitet und es entsteht große Hitze.

Wenn Sie eine ausgesprochen makellose glatte Oberfläche wünschen, empfiehlt es sich, das Mischverhältnis von Dammarharz zu Wachs zu erhöhen, da so die Oberfläche noch härter wird und die Enkaustikfarbe der Hitze des Maleisens besser standhält.

Grundieren Sie mit Enkaustikmedium, und führen Sie das Maleisen mit leichtem Kontakt über die Oberfläche. Üben Sie keinen oder nur leichten Druck aus, das Eigengewicht des Maleisens sollte genügen. Die Pinselstriche werden durch die Hitze glatt gebügelt und verschwinden. Nach jedem Bügeln sollten Sie überschüssiges Wachs mit Papiertüchern direkt vom Maleisen abwischen.

Es kann sehr leicht geschehen, dass die große Hitze des Maleisens die unteren Schichten mit einschmilzt und Sie eine unerwünschte Farbmischung erhalten. Daher empfiehlt es sich, nach jeder Farbschicht ein bis zwei Enkaustikmediumschichten aufzutragen und glatt zu bügeln, um ein Mischen der Schichten zu vermeiden. Das Enkaustikmedium dient als Barriereschicht. Je mehr Enkaustikmediumschichten Sie verwenden, desto mehr nehmen Tiefenwirkung und Lichtdurchlässigkeit zu. Wiederholen Sie diese Schritte solange, bis Sie die erwünschte Wirkung erzielt haben.

Beachten Sie, dass bei längerem Arbeiten das Wachs zwischendurch abkühlen muss, damit der Einschmelzvorgang jeweils nur die letzte Schicht erwärmt. Beachten Sie weiter, dass Sie keinen Druck auf das Maleisen ausüben sollten, da sonst die Gefahr besteht, dass Sie ganz schnell in die tieferen Schichten vordringen.

Verwendung eines Maleisens

Springtime

Diptych, Enkaustik auf Holz, 20,5 x 50 cm

„Springtime" hat eine relativ glatte Oberfläche, auf die die Blüten gemalt worden sind. Anschließend habe ich sehr vorsichtig eingeschmolzen, um den Charakter der Impastoblüten nicht zu verlieren. An einigen Stellen wurden diese auch gespachtelt. In den glatten Hintergrund habe ich dann mit dem Tjap filigrane Hohlreliefs eingeschmolzen. Um dem Ganzen einen lockeren, verspielten Look zu geben, bespritzte ich die Oberfläche mit kleinen Wachstropfen (siehe Seite 56).

Strukturierte Oberflächen

Bespritzen

Ein Farbauftrag kann natürlich auch ganz anders additiv vorgenommen werden. Wachstropfen haben uns alle schon als Kinder fasziniert. Eine Bildoberfläche mit Wachstropfen zu bespritzen, kann einem Bild eine unverhoffte Spontaneität und verspielte Leichtigkeit verleihen.

Tauchen Sie den Pinsel in die Enkaustikfarbe, und lassen Sie die Farbe über dem Bild abtropfen. Sie können auch mit dem Pinselstiel auf Ihren Finger klopfen, um die Tropfen loszuschütteln.

Grundsätzlich gilt für diese Form des Farbauftrags:
- je größer der Pinsel, desto größer die Tropfen
- je heißer die Farbe, desto länger bleibt sie flüssig, desto größer die Tropfen
- je kälter die Farbe, desto kleiner die Tropfen
- je größer der Ausschlag Ihres Schwungs, desto größer fällt die Gestik der abgetropften Farbe aus.
- Wenn Sie die Wachstropfen mit Farbe bedecken und anschließend partiell wieder freikratzen, entstehen wunderschöne Farbpunkte.

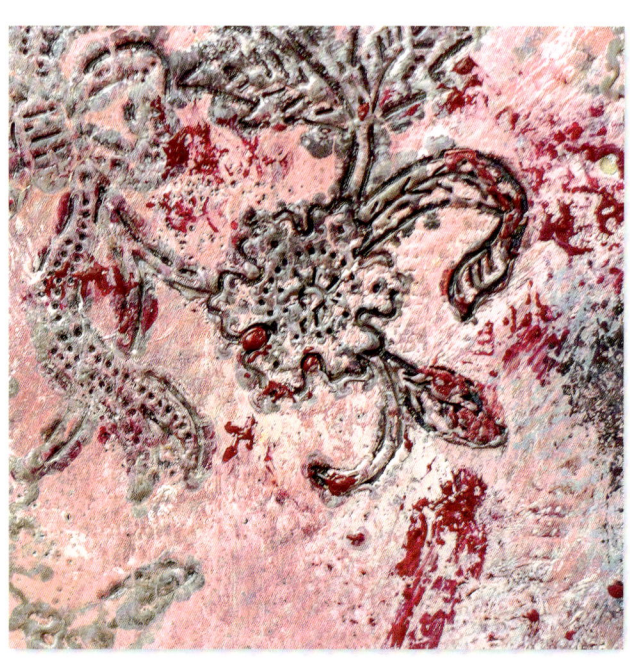

Abgekratzte größere Tropfen und Hohlreliefabdruck

Großzügiger Pinselschwung mit entsprechender Tropfenbildung

Inventing Paradise
Enkaustik auf Holz, 76 x 76 cm

Die Abtropftechnik im oberen rechten Bildviertel ist mit viel Schwung erzeugt. In der Bildkomposition stellt dies ein sehr kraftvolles und dennoch filigranes Stilmittel dar. Assoziationen mit Blut, Lebenssaft und Aufbruch sind beabsichtigt.

Spachteln

Ein weiteres additives Verfahren, um Enkaustikfarbe aufzutragen, ist die Spachteltechnik. Sie können auf diese Weise Reliefs und sehr schöne Texturen erstellen.

Ein Palettmesser oder ein Kuchenheber eignet sich gut, um mit flüssigem Wachs beladen zu werden. Die Vorgehensweise ist die, dass Sie das Wachs erst abtropfen lassen und dann verspachteln. Dies ergibt einen schönen Impastoauftrag, der gerade in seiner Unregelmäßigkeit sehr interessante Flächen und Konturen schafft. Wenn Sie dies mit der Technik des Anlagerns kombinieren (siehe Seite 62), so erhalten Sie wunderbare dreidimensionale Effekte.

Da die Impastoaufträge an sich dreidimensional und in unterschiedlicher Höhe auf der Oberfläche liegen, bleibt dort vermehrt Wachs hängen, wenn Sie jetzt einen neuen Farbauftrag darüberlegen. Sie können auch Pigmente oder Ölfarbe direkt einreiben, auch sie bleiben an den erhöhten Flächen hängen und so erhalten Sie einen gesteigerten dreidimensionalen Effekt.

Gut kombinieren lässt sich die Spachteltechnik auch mit Sgraffito, da das Wachs durch die Unebenheiten ebenfalls unregelmäßig abgekratzt wird und so erneut interessante Formen und Farbflächen entstehen.

Gespachtelte Rose mit Sgraffito

Verspachteln von flüssigem Wachs mit einem Palettmesser

Aeon (Downpour)

Enkaustik auf Holz, 25 x 25 cm

Durch das Spachteln der roten Farbe entsteht der Eindruck von fliegender, aufgewirbelter, oder herunterprasselnder Materie. Auch der Bildvordergrund (unterer Teil) wurde so gestaltet, allerdings wurde der Wachsauftrag hier stärker verstrichen, um Landschaftselemente anzudeuten.

Flüssige Enkaustikfarbe

Direktes Gießen der flüssigen Enkaustikfarbe

Gießen

Enkaustik bietet viele Möglichkeiten, um eine Oberfläche aufzubauen, ohne dass Sie einen Pinsel verwenden müssen.
Sie können die Farbe auch direkt auf die Bildoberfläche gießen und sie anschließend verspachteln und einschmelzen.

Überschüssiges Wachs nehme ich einfach mit der Rasierklinge wieder weg, indem ich es abkratze. Sie können mit der Rasierklinge auch den Gussauftrag verdünnen, indem Sie die Farbe vorsichtig herunterschaben. So können Sie wunderbare, zart-transparente Schichten erzeugen.

Direktes Gießen der Enkaustikfarbe auf das Bild und anschließendes Verspachteln der Farbe

Verspachteln und Wegkratzen der überschüssigen Farbe mit einer Rasierklinge

Aeon (in midst)
Enkaustik auf Holz, 61 x 61 cm

Wenn die Farbe aufgegossen wird, entstehen unvorhergesehene Formen und Flächen. Durch das Verspachteln lassen sich neue Formen und Flächen erzeugen. In diesem Bild nutzte ich diese Eigenschaft, um dem Bild nachträglich einen farbigen Akzent zu geben.

Anlagern

Hier rückt nun eine grundlegende Eigenschaft des Wachses in den Mittelpunkt: Wachs erkaltet sehr schnell und kann sich daher durch wiederholte Pinselstriche rasch anlagern. Es gibt verschiedene Methoden, um das Wachs anzulagern. Verwenden Sie einen Pinsel, der harte Borsten hat.

Streifen Sie das Wachs am Pinsel ein wenig am Rand der Palette ab, und lassen Sie es geringfügig erkalten, damit der Pinselstrich klarer definiert wird. Legen Sie Ihre Pinselstriche kreuzförmig übereinander, sodass kleine Ränder und Erhöhungen entstehen. Oder wiederholen Sie die gleiche Richtung/Gestik der Pinselstriche, und legen Sie sie übereinander. Schmelzen Sie den Auftrag nur ganz gering ein, sodass diese Ränder nicht wegschmelzen und erhalten bleiben.

Einige Künstler bevorzugen es auch, die ersten Wachsschichten mechanisch aufzurauen, zum Beispiel ziehen sie mit einer Gabel Furchen. Wenn sie nun gegen den Strich ihre Pinselstriche legen, bleibt das Wachs an den aufgekratzten Rändern hängen und lagert sich an.

Wiederholen Sie die Pinselstriche in gleicher Richtung.

Somit hinterlässt jeder Pinselstrich eine sichtbare Spur, und in der Gesamtheit entstehen Täler und Berge, massive Anhäufungen von Wachs und Wiederholungen. Auf diese Weise entsteht eine sichtbare, haptische „Geschichte" Ihres Bildes.

Kreuzförmige Pinselstriche und Anlagerungen

Aufrauen der Wachsschicht mit einer Gabel

Urgrund
Enkaustik auf Holz, 10 x 10 cm

Hier ist das Anlagern zur Skulptur geworden. Der gesamte Höhenunterschied liegt bei fast 1 cm.

Die Oberfläche soll warm sein, jedoch nicht so warm, dass Fingerabdrücke entstehen.

Strukturierte Blätter werden auf die Oberfläche gelegt.

Reliefabdruck

Diese Technik – im italienischen Cavo-Rilievo genannt – macht sich die formbare Eigenschaft des Wachses zunutze. Wenn Sie eine warme Bildoberfläche haben, können Sie Gegenstände in das Wachs eindrücken und wieder entfernen und somit einen Reliefabdruck hinterlassen. Cavo-Rilievo bedeutet: Hohlrelief.

Die Bildfläche sollte noch warm sein, jedoch sollten Sie keine Fingerabdrücke hinterlassen können.

Am besten eignen sich für den Reliefabdruck organische oder aber auch festere Gegenstände: Pflanzen, Blätter, Seile, Ketten, Drahtgeflecht oder Stempel. Insbesondere die indonesischen Tjaps, die zum Bedrucken der indonesischen Textilien benutzt werden, eignen sich hervorragend für die Abdrucktechnik. Wenn Sie beispielsweise organisches Material verwenden möchten, nehmen Sie Blätter, die viele Details aufweisen.

Polieren Sie mit der Rückseite eines Löffels über die Blätter.

Enkaustikmediumschicht über Blättern

Entfernen Sie jetzt behutsam das Blatt, solange die Farbe noch warm ist.

Entfernen Sie überschüssiges und ungewolltes Wachs mit einem Messer oder einer Rasierklinge.

Erwärmen Sie Ihre Oberfläche mit der Heißluftpistole oder dem Propangasbrenner, und lassen Sie sie ein wenig abkühlen.
Legen Sie ein strukturiertes Blatt mit der rauen Seite nach unten auf die Bildoberfläche. Bedecken Sie es mit Back- oder Wachspapier, und reiben Sie mit der Rückseite eines Löffels über das Blatt. Üben Sie dabei einen polierenden Druck aus.
Ziel ist es, dass das Blatt leicht eingedrückt wird und alle Details in das Wachs eingelassen werden. Entfernen Sie das Papier wieder, und malen Sie eine Enkaustikmediumschicht und gegebenenfalls Enkaustikfarbe über das Blatt. Schmelzen Sie diese vorsichtig ein.
Entfernen Sie jetzt behutsam das Blatt, solange die Farbe noch lauwarm ist. Sie können die Details mit eingeriebener Ölfarbe oder Ölsticks noch etwas hervorheben.

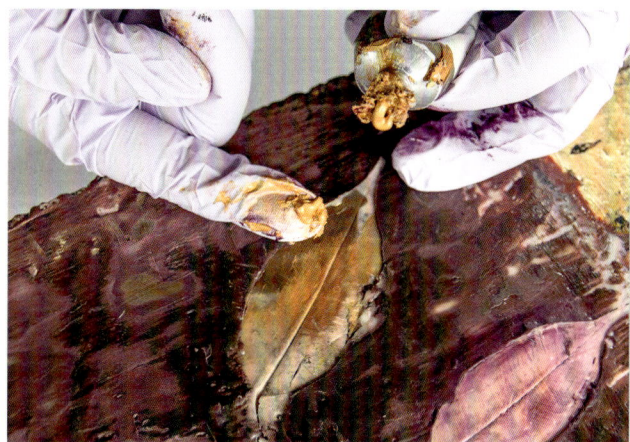

Reiben Sie die Ölfarbe in den Reliefabdruck.

Abdruckdetail

Je nach gewünschter Tiefe und Intensität drücken Sie den Tjap in die Wachsoberfläche.

Wenn Sie festere Gegenstände zur Hand nehmen, gilt das gleiche wie beim vorherigen Beispiel. Manchmal, wenn die Wachsoberfläche etwas härter und kälter ist, kann man auch einen Hammer nehmen und das Seil oder die Kette leicht einhämmern, um tiefere Abdrücke zu hinterlassen.

Auch hier lassen sich die Abdrücke mit eingeriebener Ölfarbe oder Ölsticks akzentuieren.

Der Vorteil der indonesischen Tjaps ist, dass man sie ebenfalls erhitzen kann. Stellen Sie sie einfach in oder auf Ihre heiße Palette/Warmhalteplatte, und erwärmen Sie so den Stempel. Anschließend pressen Sie ihn auf und in die Bildoberfläche.

Sie können den Kupferstempel auch direkt in Enkaustikfarbe stellen und ihn somit mit Farbe beladen. Es entstehen wunderbare Abdrücke und farbliche Eindrücke. Je heißer der Stempel ist, desto tiefer und breiter fällt das Hohlrelief aus. Je kühler der Stempel ist, desto feiner wird sich der Reliefabdruck abbilden.

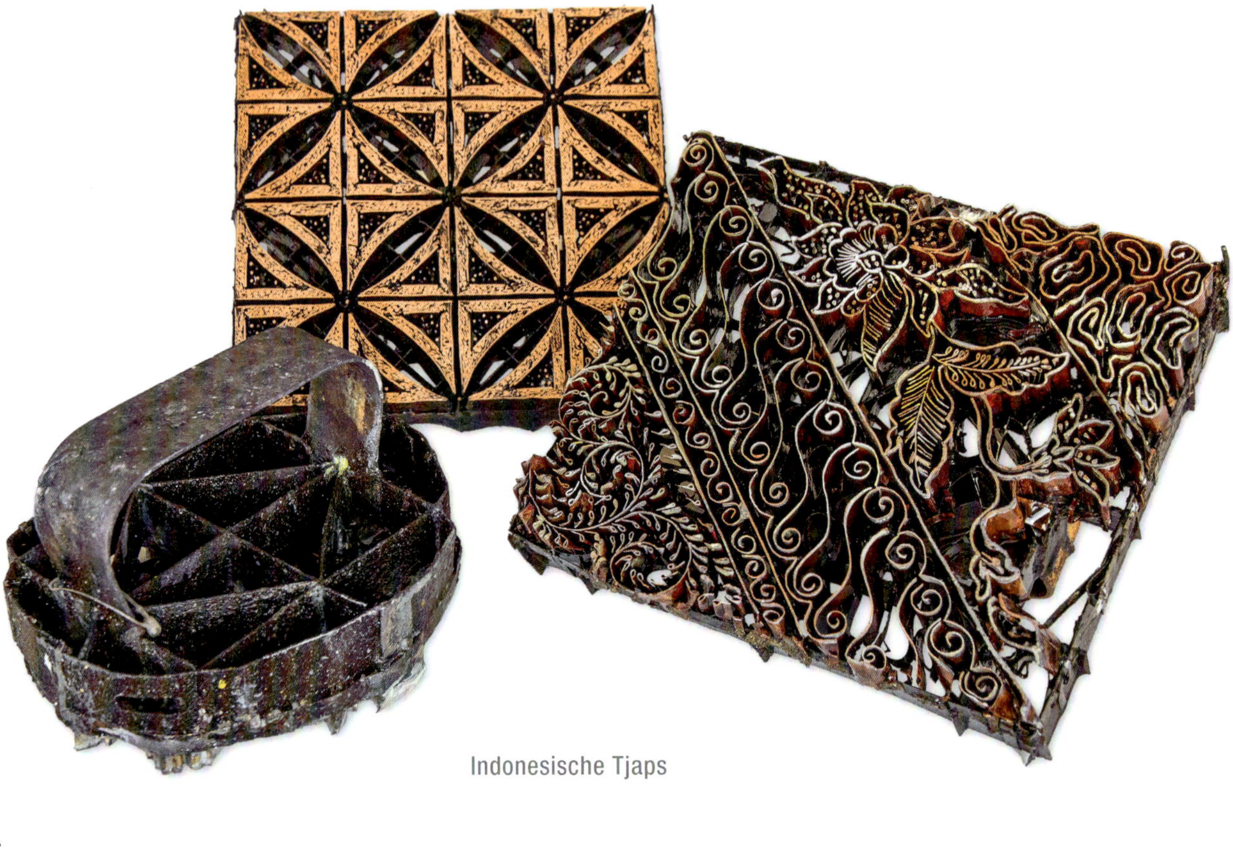

Indonesische Tjaps

Kleine Suite in blauem DUR

Enkaustik auf Holz, 25,5 x 20,4 cm

Da das indonesische Tjap sehr heiß war, ergab sich ein breiter Hohlreliefabdruck, in den ich anschließend Ölfarbe eingerieben habe. Erst ganz zum Schluss habe ich mit einem harten Borstenpinsel die hellblaue Farbe aufgetupft und aufgetragen.

Desire – Verlangen
Enkaustik auf Holz, 60 x 60 cm

In „Desire" habe ich nachträglich feine Reliefabdrücke mithilfe eines Tjaps hinzugefügt, um die Vielschichtigkeit des „Verlangens" zu symbolisieren. Es entsteht eine Bildinformation auf einem vorhandenen Bild, die die Komplexität des Themas versinnbildlicht.

Passage du Temps
Enkaustik auf Holz, ca. 51 x 51 cm
Blütenblätter und Blattwerk wurden mit den Fingern in Öl gemalt und anschließend vorsichtig eingeschmolzen.

Subtraktive und additive Techniken

Diese Techniken lassen sich in Variationen miteinander kombinieren. Hierbei wird die Wachsoberfläche eingeritzt, eingekratzt und eingraviert.

Gravieren

Sie können Linien, Wörter oder Muster eingravieren. Je nach Werkzeug verändert sich die Form der eingekratzten Linien. Ist das Wachs noch warm, ist die Einritztiefe zudem größer. Je kälter und härter das Wachs wird, desto feiner fallen die Linien aus. Sie können spitze Werkzeuge verwenden, wie zum Beispiel eine Töpfernadel oder einen spitzen Pinselstiel.

Intaglio

Intaglio stammt aus dem Italienischen und leitet sich von *intagliare* (= einritzen/einkerben) her. Der Begriff beschreibt eine Technik, die im Tiefdruck angewendet wird. So werden die eingravierten oder eingeätzten Linien mit Tinte gefüllt, um dann auf Papier gedruckt zu werden.

In der Enkaustik kann man eben jene Einritzungen und Gravierungen akzentuieren, indem man sie mit Farbe füllt. Dazu eignen sich Ölfarbe oder Ölsticks, die in die Linien eingerieben werden.

Anschließend können Sie diese Vertiefungen mit neuer Farbe auffüllen und somit den Farbcharakter verändern, oder exakte Linien erschaffen.

Wenn Sie die Wachsoberfläche einritzen, entsteht ein kleiner Rand, diesen können Sie stehen lassen, einschmelzen oder mit einem Rasiermesser entfernen.

Lassen Sie den Rand stehen, so wird der Akzent durch die eingeriebene Farbe verstärkt.

Überschüssige Farbe können Sie mit einem Tuch wegwischen, bei hartnäckigen Rückständen können Sie Pflanzenöl verwenden, um die Farbe mit dem getränkten Tuch wegzuwischen.

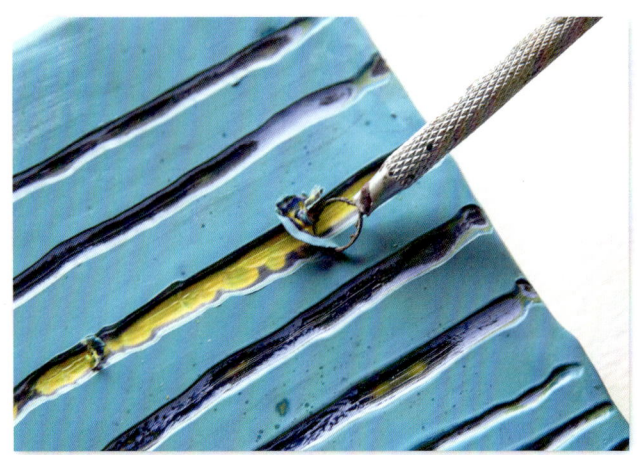

Eingravieren der Oberfläche mit einem Töpferwerkzeug (Modellierschlinge)

Eingravieren der Oberfläche mit einem Nadelwerkzeug

Auffüllen der eingravierten Linien mit einem Ölstick

Fertiges Intaglio – überschüssige Farbe wurde weggewischt

Intarsie

Bei einer Intarsie handelt es sich um eine Dekorationstechnik aus der Holzverarbeitung, bei der verschiedene Hölzer in eine plane Holzoberfläche eingelegt werden.

In der Enkaustik graviert man die gewünschte Linie oder Form in die Wachsoberfläche, um sie anschließend mit einer anderen Enkaustikfarbe wieder aufzufüllen. Überschüssiges Wachs wird mit der Rasierklinge oder einer Töpferschlinge wieder abgetragen, um eine plane Oberfläche zu erhalten. Anschließend empfiehlt es sich, eine weitere Barriereschicht Enkaustikmedium darüberzulegen, um das Vermischen der Farben beim Einschmelzen zu vermeiden.

Die Intarsie wird bei breiteren Gravierungen empfohlen. Bei feinen Linien arbeiten Sie besser mit Intaglio, da die Ölfarbe besser in kleine, schmale Tiefen dringt.

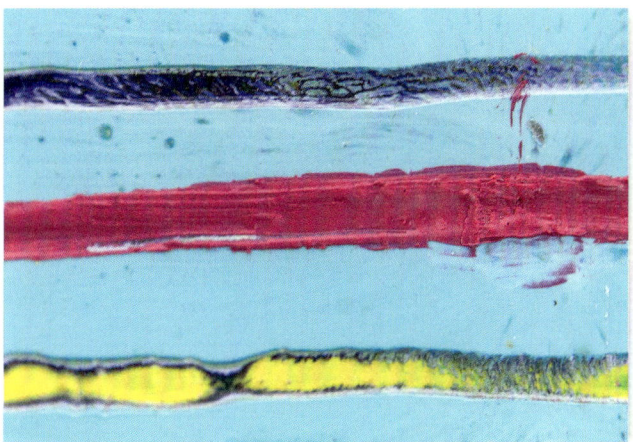
Auffüllen der Gravierung mit Enkaustikfarbe

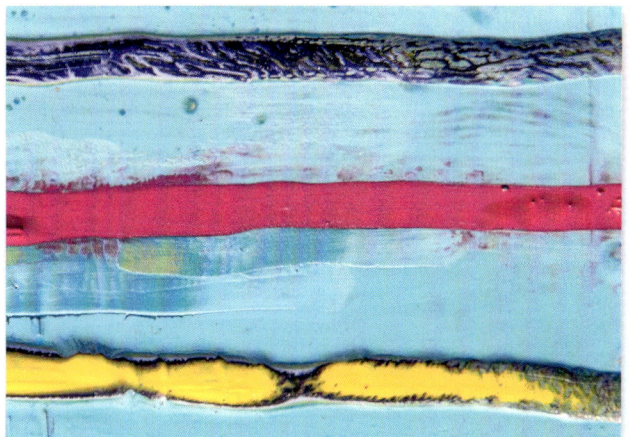
Fertige Intarsie

Aeon – Luftnest
Enkaustik auf Holz, 40,5 x 40,5 cm
Die kalligrafisch anmutenden Zeichen wurden mit einer kleinen Modellierschlinge eingraviert. Der blaue Untergrund kommt zum Vorschein und erinnert somit an dekorative Bildbeschriftungen.

Aeon – Erdennest
Enkaustik und Goldblatt auf Holz, ca. 40,5 x 40,5 cm

Bei diesem Werk wurde das Nest im Vordergrund eingraviert. Es ist in der Enkaustikmalerei schwierig, feine Linien zu malen, so bietet sich die Technik des Gravierens insbesondere für feine Linien an. Da die ersten Schichten in einem intensiven Ultramarinblau gemalt worden sind, kommen diese wieder zum Vorschein und akzentuieren das Bild.

Sgraffito mit einer Rasierklinge gegen den Farbauftrag/Pinselstrich, bevor die Schicht eingeschmolzen ist

Sgraffito mit einem Töpferwerkzeug (Modellierschlinge), nachdem die Schichten eingeschmolzen und erkaltet sind

Sgraffito: Auskratztechnik

Rasierklingen, Spachtel oder Töpferutensilien eignen sich mit ihrer breiten Seite zum Sgraffito, zum Aufkratzen größerer Flächen.

Sgraffiare (= kratzen) ist eine Technik des Auf- und Abkratzens einer Oberfläche, um die darunterliegenden Schichten freizulegen.

Ich fange fast alle meine Bilder so an. Ich male die ersten zehn Schichten, brenne sie ein, und dann beginne ich langsam damit, Schichten freizulegen. Durch das Auf- und Abkratzen entstehen unerwartete Farbnuancen, Bewegungen, Vorder- und Hintergründe, interessante Maserungen oder Farbverläufe. Es ist eine Technik, die sich durch meine Arbeiten immer bis zum Ende hin durchzieht. Ich empfange dadurch neue Impulse, die meine Arbeit beflügeln und faszinierend machen.

Sehr oft, wenn ich das Gefühl habe, ins Stocken zu kommen oder ich nicht hundertprozentig zufrieden bin, übermale ich das „kritische Gebiet" und lasse mich vom Neuanfang und der „Geschichte" des Bildes leiten, indem ich die Schichten wieder freilege.

Es ergeben sich unterschiedliche Flächenabtragungen, je nachdem, welches Werkzeug zum Einsatz kommt. Auch durch die Temperatur der Wachsschicht verändern sich die Qualität und die Quantität des Sgraffito. **Gehen Sie vorsichtig vor, denn wenn das Wachs zu warm ist, können Sie mehr Wachs wegkratzen, als Ihnen lieb ist.** Grundsätzlich sollte nach dem Abkratzen nochmals eingeschmolzen werden, wenn man keine sichtbaren Kratzspuren als Gestaltungselement wünscht.

No Man's Land – Niemandsland
Enkaustik auf Holz, ca. 60 x 76 cm
Hier wurde die Auskratztechnik mit einer Modellierschlinge angewandt, um die Furchen und das aufgebrochene Land darzustellen.

Abklebetechnik für Linien und Formen

Um eine gerade Linie zu erhalten, empfiehlt es sich, mit Abklebeband und mithilfe eines Lineales die gewünschte Fläche oder Linie abzukleben. Achten Sie darauf, dass das Abklebeband überall gut haftet, damit die Farbe nicht darunter laufen kann. Ein Trick ist es, zuerst mit Enkaustikmedium über das Abklebeband und die angrenzende Fläche zu malen und dann erst mit Enkaustikfarbe erneut darüberzumalen. So vermindert man die Gefahr, dass die Farben beim Einschmelzen ineinander verlaufen. Wenn Sie mit einem Propangasbrenner arbeiten, ist es besonders wichtig, dass das Abklebeband teilweise mit Wachs bedeckt ist, da es sonst beim Einschmelzen entflammbar ist. **Wachs schützt Papier oder Abklebeband vor dem Anbrennen!**

Das Wachs sollte ein wenig abkühlen, bevor man das Abklebeband entfernt.

Ist das Wachs noch zu warm, besteht die Gefahr, dass das Abklebeband auch das darunterliegende Wachs mit ablöst. Ist das Wachs aber zu kalt, besteht die Gefahr, dass es zu Rissen und zum Abplatzen der Farbe kommt.

Kleben Sie das Band auf die Oberfläche, und drücken Sie es gut an.

Sollte Farbe unter das Abklebeband gelaufen sein, können Sie diese mit einer Rasierklinge vorsichtig abschaben und säubern.

Sie können auch komplexere Formen abkleben. Für Rundungen nehmen Sie am besten dünneres Abklebeband. Der technische Vorgang bleibt der Gleiche.

Malen Sie mit dem Enkaustikmedium und der Farbe über die Fläche und das Abklebeband.

Ein Abziehen des Abklebebands im lauwarmen Zustand des Wachses ergibt eine akkurate Linie.

Rosenzeit
Enkaustik auf Holz, 60 x 60 cm

Bei diesem Bild wurde der Rand mehrmals abgeklebt und innerhalb der rechten Borte wurde mithilfe der Abklebetechnik und Sgraffito ein Meandermuster angelegt. Anschließend wurden die Ränder stilistisch erhöht, indem ich sie mit Farbe umrandet habe.

Ausschneiden der Schablone mit einem Präzisionsmesser

Platzieren der Schablone

Schablonen

Sie können ganz einfach Schablonen aus Papier oder aus Plastikfolie verwenden, die Sie im Fachhandel kaufen oder selbst zuschneiden können. Die Schablonen werden auf die glatte und warme Wachsoberfläche gelegt und dabei leicht angedrückt. Malen Sie zuerst wieder mit Enkaustikmedium darüber, und dann erst mit Enkaustikfarbe, um ein Ineinanderverlaufen der Farben zu vermeiden. Schmelzen Sie die Farbe vorsichtig ein. Wie bei der zuvor beschriebenen Abklebetechnik sollte das Wachs erst ein wenig abkühlen, bevor Sie die Schablone von der Oberfläche lösen.

Schablonen verwendet man hauptsächlich, um komplexe Formen zu produzieren und um sie zu wiederholen. Oft wird dies als dekoratives Stilmittel verwendet.

Übermalen der Schablone

Ablösen der Schablone

Kein schöner Land

Enkaustik auf Holz, ca. 30,5 x 30,5 cm

Unten rechts und in der Mitte am rechten Bildrand sind die Schablonenaufträge in Rot und Gold zu sehen. Die Spirale wurde mit einer Töpfernadel eingraviert, der graue Hintergrund wurde durch Sgraffito erreicht. „Kein schöner Land" ist ein ironischer Titel, da ich hier die alljährlichen Tornados und Hurrikane im Kopf hatte, als ich das Bild malte. Die Schablonen-Wiederholungen stehen für die alljährliche Wiederkehr.

Collagen

Papiere

Für Collagen wählt man am besten leichtere Papiere mit einem üblichen Standardgewicht: Seidenpapier, Transparentpapier oder Naturpapier eignen sich hervorragend. Sobald das Papier mit Wachs überzogen ist, wird es durchsichtig, transluzent.

Legen Sie das Papier auf Ihre Wachsoberfläche, streichen Sie es glatt, und malen Sie eine Schicht Enkaustikmedium darüber. Schmelzen Sie diese Schicht vorsichtig ein. Das Papier wird transluzent und haftet mit dem Wachs auf der darunterliegenden Schicht.

Eine Heißluftpistole eignet sich für Collagen besser, aber Sie können auch einen Propangasbrenner zum Einschmelzen nehmen. Da das Papier mit Wachs bedeckt ist, ist es nicht entflammbar. Bleiben Sie dennoch nicht zu lange auf einer Stelle. Vorsichtiges Einschmelzen ist bei Collagen angebracht. **Wenn Sie jetzt noch eine Schicht Enkaustikmedium darüberlegen, wird der Auftrag opak und das Papier wird weniger sichtbar.**

Sie können auch strukturiertes Papier verwenden, das durch das Wachs nochmals mehr akzentuiert wird. Und Sie können Zeichnungen, Monotypien oder auch Fotokopien einbetten. Je dicker und schwerer das Papier, umso schwieriger ist es, die Collage komplett einzubetten, da das Papier nicht völlig glatt liegt und nicht mehr optimal haftet.

Eine Fotografie auf Fotopapier eignet sich nicht, da das Papier nicht porös ist. Handelt es sich um einen fotografischen Abzug auf zum Beispiel japanischem Naturpapier, ist das Einbetten wieder möglich.

Papier und organisches Collagematerial

Sobald das Papier mit Wachs übermalt wird, wird es transluzent.

Asteria's Sanctuary
Enkaustik und Collage auf Holz, 60 x 76 cm
Das Gewand von Asteria ist nachträglich aufgelegt und eincollagiert worden. Zuvor habe ich das Papier auf den Körper gelegt, die Umrandung mit Bleistift abgefahren und dann das Kleid maßgerecht ausgeschnitten.

Organische Materialien

Solange das organische Material komplett in das Enkaustikmedium oder in die Enkaustikfarbe eingeschlossen ist, müssen Sie sich keine Gedanken über Langlebigkeit oder Haltbarkeit machen.
Insbesondere gilt das bei der Verwendung von Bienenwachs, denn dies ist ein äußerst stabiles Konservierungsmittel.
Sie können also verschiedene organische Materialien, wie Blütenblätter, Baumblätter, Haare oder einfach nur Bindfäden und Textilien, in Ihrer Collage verwenden.
Durch ihre hohe Hafteigenschaft eignet sich die Enkaustikmalerei ganz besonders für Collagearbeiten, und auch zerbrechliche Elemente können gut in die Arbeit miteingebaut werden.

A Place of Delight
Enkaustik auf Holz, ca. 76 x 101,6 cm
Zusätzlich zu den eincollagierten Eukalyptusblättern wurden auch Seiten einer antiken Enzyklopädie eingebettet. Die mittlere Borte besteht aus Schlagmetall, das zum Teil mit Enkaustikmedium bemalt worden ist. Hinter dem Apfel befindet sich ein eincollagiertes Stück Seidenpapier.

Schlagmetalle und Vergoldungen mit Transfergold

Schlagmetall und Blattgold

Besondere Akzente lassen sich setzen, wenn Sie Schlagmetalle oder Blattgold in Collagen verwenden, das heißt, Sie können sie teilweise oder komplett einbetten oder aber einfach nur auf das Wachsbild auflegen, wie Sie es bei einer Vergoldung tun würden.

Das Praktische daran ist, dass sowohl Schlagmetalle als auch Blattgold ganz ohne Kleber haften bleiben. Wenn die Bildoberfläche leicht angewärmt ist, haften das Blattgold oder die Schlagmetalle auf der Wachsoberfläche nur durch leichten Druck. Sie legen das Schlagmetall auf die Oberfläche, gehen einmal mit einem breiten weichen Pinsel vorsichtig darüber und schon haftet das Schlagmetall. Bei Transfergold ist das Goldblatt auf ein Seidenpapier gepresst. Man dreht die Goldseite nach unten und legt das Blattgold ganz auf. Sehr vorsichtig wird das Blattgold mit einem weichen Pinsel angerieben oder angetupft und dann das Seidenpapier entfernt.

23-Karat-Blattgold ist sehr empfindlich, Sie sollten nicht mehr darüberreiben, weder mit dem Finger noch mit einem Poliertuch – Sie entfernen sonst das dünne Goldblatt.

Auflegen und Anreiben des Transfergoldes, Ablösen des Seidenpapiers

Schlagmetall wird auf die Wachsoberfläche aufgelegt, angedrückt und teilweise mit Enkaustikmedium übermalt.

Young Gaia
Enkaustik und Blattgold auf Holz, 60 x 76 cm

In „Young Gaia" habe ich den gesamten oberen Hintergrund mit Schlagmetallen belegt, anschließend nur die negativen Flächen bemalt, um die goldenen Blätter zu erzeugen.

Bildtransfertechniken

Es gibt verschiedene Techniken für die Übertragung von Bildern auf eine Enkaustikoberfläche, sowohl was die Verarbeitung von Fotokopien als auch Grafitzeichnungen anbelangt. Bei allen Bildübertragungen sollten Sie eine glatte und angewärmte Wachsoberfläche vorbereitet haben.

Fotokopie

Bedenken Sie, dass der Transfer seitenverkehrt sein wird. Verwenden Sie eine frische Fotokopie, die mit einem Laserdrucker oder einer Kopiermaschine gedruckt worden ist. **Die Tinte eines Tintenstrahldruckers lässt sich nicht übertragen.**
Legen Sie die Bildfläche auf die Wachsoberfläche, und drücken Sie sie leicht an. Legen Sie ein Wachspapier darüber, und polieren Sie mit der Rückseite eines Löffels über die gesamte Bildfläche (das Wachspapier verhindert Risse im Papier, die beim Polieren entstehen können).
Gehen Sie hierbei sehr akkurat vor und lassen Sie keine Stelle aus, da sonst dieser Teil nicht übertragen wird. Entfernen Sie das Wachspapier.
Mit einem Tuch oder Watte reiben Sie nun Acetat oder Nagellackentferner solange auf das Papier, bis es ganz feucht ist. Sie können es auch mit Wasser probieren.
Mit Ihren Fingern können Sie das Papier jetzt von der Oberfläche abreiben. Das Papier löst sich in kleinen Rollen und wird entfernt.
Der Toner hat sich auf das Bild übertragen. Sie können den Übertrag direkt einschmelzen oder erst mit Enkaustikmedium übermalen.

Schneiden Sie den Bildgegenstand aus.

Polieren Sie mit einem Löffel vorsichtig über die Kopie.

Das übertragene Bildmotiv

Reiben Sie Acetat oder Nagellackentferner auf das Papier.

Reiben Sie das durchtränkte Papier mit dem Finger ab.

87

Kohledurchschlagpapier

Kohledurchschlagpapier eignet sich für alle Arten von Abdrücken, unter anderem für Handschriften und Zeichnungen. Hierfür legen Sie einfach das Kohledurchschlagpapier mit der dunklen Seite auf die Wachsoberfläche und schreiben, beziehungsweise zeichnen Sie auf die Rückseite mit einem Bleistift oder einem anderen spitz zulaufenden Werkzeug.
Entfernen Sie das Durchschlagpapier, und schmelzen Sie den Abdruck leicht ein.

Legen Sie das Kohledurchschlagpapier auf und schreiben Sie.

Entfernen Sie das Kohlepapier.

Zeichnen Sie Ihr Design entweder auf Polyesterfolie oder auf Druckerpapier.

Legen Sie Ihr Design mit der Bildseite nach unten auf die Wachsoberfläche, und polieren Sie darüber.

Kohle- und Grafitzeichnungen

Kohle- oder Grafitzeichnungen lassen sich am besten von nicht absorbierendem Papier auf die glatte Wachsoberfläche übertragen. Sie können Pergamentpapier, biaxial orientierte Polyesterfolie oder einfaches Druckerpapier verwenden.

Malen oder zeichnen Sie Ihr Design auf Polyesterfolie oder Druckerpapier. Legen Sie es mit der Bildseite nach unten auf die Wachsoberfläche, und legen Sie ein Wachspapier darüber. Wenn Sie eine Polyesterfolie verwenden, benötigen Sie kein Wachspapier, da keine Reißgefahr besteht.

Polieren Sie mit der Rückseite eines Löffels sorgsam über alle Stellen des Designs. Wenn Sie das Designpapier anheben, sollte sich die Zeichnung übertragen haben.

Entfernen Sie das Designpapier oder die Folie nach dem Polieren.

Mixed-Media-Techniken

Grundsätzlich kann man alle ölhaltigen Farben mit Enkaustik kombinieren. Enkaustikfarbe ist wasserabweisend, daher sind Acryl- oder Aquarellfarben ungeeignet.

Mischtechniken machen Freude, grundsätzlich gilt aber auch hier: je höher der Anteil anderer Malmedien, desto fraglicher wird die Langlebigkeit des Bildes.

Ölsticks, Pigmentsticks, Ölfarben

Sie können mit Ölsticks, Pigmentsticks oder Ölfarbe direkt auf die Wachsoberfläche malen. Das Wachs der Oberfläche sollte kalt sein. Je nach Ölgehalt bleibt die Farbe länger nass und schmiert leicht. Lassen Sie sie antrocknen, bedecken Sie sie dann mit dem Enkaustikmedium, und schmelzen Sie sie leicht ein.

Man kann die Ölfarbe auch direkt einschmelzen. Schöne Effekte erzielt man, wenn der Ölfilm auf der Oberfläche bricht, da das darunterliegende Wachs schmilzt. **Allerdings entstehen gesundheitsgefährdende Gase, bitte beachten Sie die Gesundheitsvorkehrungen, und arbeiten Sie mit einer Filtermaske.**

Malen Sie mit einem Ölstick direkt auf die kalte Oberfläche.

Schmelzen Sie die Ölfarbe leicht ein.

Daraa
Enkaustik und Ölsticks auf Holz, ca. 61 x 61 cm

Hier wurde gespachtelt, intensiv eingeschmolzen, mit Ölsticks aber auch mit Ölpastell gemalt – dabei entstanden herrliche Farbaufbrüche in Rot, die ich bis heute nicht wieder reproduzieren konnte. Meine Vermutung ist, dass einer der Ölpastellstifte einen hohen Paraffinanteil hatte, der die roten Farbauftrennungen verursachte.

Ölpastell

Ölpastell enthält Mineralwachse. Mineralwachs und Bienenwachs reagieren leicht abstoßend. Wenn Sie also mit Ölpastell auf die Oberfläche malen oder zeichnen, wird sich beim Einschmelzvorgang das Mineralwachs anders verhalten als Bienenwachs. Es schmilzt in kleinen perlenden Bewegungen ein. Auch dies kann man sich als interessantes, zusätzliches Gestaltungselement zunutze machen.
Bei grafischen Elementen geht beim Einschmelzvorgang die scharfe Linie verloren, Sie können diese jedoch mithilfe einer Rasierklinge wieder akzentuieren.

Mit Ölpastell direkt auf die Bildoberfläche malen oder zeichnen

Hier wurden grüne, graue und weiße grafische Elemente dem Bild hinzugefügt.

Aeon (Return)
Enkaustik und Ölpastell auf Holz, ca. 40,5 x 40,5 cm

Die roten Flächen wurden mit Enkaustik und Ölpastell gemalt. Das Aufbrechen der Farbe und der perlende Einschmelzvorgang unterstreichen den unkontrollierbaren, hereinrollenden Charakter des Wirbelsturmes. Die weißen Flächen wurden mit Ölfarbe kreiert, die ich mit dem Finger aufgerieben habe.

Monotypie in Enkaustik

Einführung

Die Monotypie ist eine Drucktechnik, die bereits im 17. Jahrhundert erfunden worden ist. Statt auf Papier oder Leinwand zu malen, nimmt man Metall-, Glas- oder Acrylplatten, auf denen das Design/Bild gezeichnet oder gemalt wird. Solange die Farbe feucht ist, kann nun dieses Design oder Bild mittels einer Presse oder per Handabreibung auf Papier gedruckt werden.

Die Monotypie in Enkaustik ist eine sehr umfassende, eigenständige Technik. Daher kann dies hier nur eine kleine Einführung sein.

Sie können mit einer einfachen Wärmespeicherplatte aus Edelstahl (für Geschirr) anfangen. Für einheitliche und professionelle Ergebnisse sollte die Druckplatte eine anodisierte Aluminiumplatte sein, da sie weniger schnell durch Kratzer beschädigt wird, eine hervorragende, glatte Druckfläche bietet und die Pigmente nicht mit dem Metall reagieren, d. h., die Farben verändern sich nicht. Die Hitzezufuhr sollte beständig zwischen 70–95 °C sein.

Die Papierauswahl hat einen wesentlichen Einfluss auf die Bildgebung. Absorbierendes, dünnes Papier, wie zum Beispiel handgeschöpftes japanisches Kozopapier oder auch japanisches Seidenpapier, nimmt die Farbe schnell auf, und die Farbe schlägt auf der Rückseite des Papiers durch. Dies ist erwünscht, wenn man zum Beispiel einen Hintergrund erzielen möchte. Das heißt, Sie bedrucken das Papier von beiden Seiten.

Wenn Sie ein Papier wählen, das durchschlagfest ist, wie zum Beispiel Markerpapier oder Illustrationspapier, werden die Drucke schärfer und definierter, die Farbe bleibt eher auf der Oberfläche sitzen und dringt nicht auf die Rückseite durch.

Der japanische Handabreiber sollte durch eine Aluminiumfolie geschützt werden, damit kein Wachs an ihm haften bleibt. Diese Folie kann immer wieder erneuert werden.

Kontrollieren Sie am besten mit einem Infrarotthermometer, ob die Aluminiumplatte die richtige Temperatur hat. Je höher die Temperatur, desto flüssiger ist das Wachs und desto ungenauer werden die Drucke. Ist die Enkaustikfarbe zu kalt, überträgt sich die Farbe nicht vollständig auf das Papier.

Beugen Sie sich nicht über die Aluminiumplatte, da Sie sonst die Dämpfe einatmen. Es ist sehr wichtig, in einem gut belüfteten Raum zu arbeiten, oder gegebenenfalls eine Atemschutzmaske zu tragen. Reinigen Sie die Platte mit Bienenwachs und einem flusenfreien Tuch und abschließend mit Wasser, um Farbrückstände zu eliminieren.

Japanischer Handabreiber, mit Aluminiumfolie eingeschlagen

Malen auf der geheizten Aluminiumplatte | Die Enkaustikfarbblöcke schmelzen auf der heißen Oberfläche.

Bildgebung

Bei der Monotypie in Enkaustik verwendet man eine geheizte anodisierte Aluminiumplatte, auf der mit Enkaustikfarbblöcken das Design/Bild gemalt wird. Die Farbblöcke schmelzen beim Kontakt mit der warmen Metallplatte und bleiben flüssig.

Zum Drucken wird ein ausgewähltes Papier aufgelegt, die „gute Seite" nach unten, darüber ein absorbierendes Skizzenpapier aus Altpapier, das das überschüssige, durchdringende Wachs aufsaugt. Durch Handabreibung mit einem japanischen Handabreiber wird das Bild von der Metallplatte auf das Papier übertragen. Jetzt ist es ein Druck.

Entfernen Sie das Skizzenpapier. Das darunterliegende Papier wird dann vorsichtig an einer Ecke von der Platte gelöst, um dann den Druck anheben und entfernen zu können. Seien Sie sicher, dass Sie saubere Hände haben, oder ziehen Sie Handschuhe an. Wachs auf den Fingerspitzen hinterlässt Wachsflecken auf dem Papier.

Gehen Sie vorsichtig sowohl beim Auflegen des Papiers, der Handabreibung wie auch beim Ablösen des Druckes vor. Verrutscht das Papier, verwischt der Druck.

Wenn Sie mehrere Designs auf den gleichen Druck drucken, benötigen Sie eine Markierung (mit Klebeband) auf der Aluminiumplatte, damit immer ein exaktes Auflegen des Druckes erzielt werden kann. Monotypie in Enkaustik produziert schnell spielerische Ergebnisse. Für gesteuerte Ergebnisse jedoch bedarf es viel Zeit und Erfahrung.

Sie können die Farbe auf der Platte manipulieren, um Muster und Linien zu erzielen. Dazu eignen sich Pinsel, Radiergummis, Palettmesser und alte Kreditkarten.

Legen Sie das Papier auf das Design auf der Aluminiumplatte und dann ein saugfähiges Skizzenpapier/Altpapier darüber.

Mit einem japanischen Handabreiber üben Sie einen moderaten Druck aus und reiben die gesamte Fläche ab.

Vorsichtiges Ablösen des Druckes

Fertiger Testdruck

How much I love you, though
Monotypie in Enkaustik auf Kozopapier, 45 x 60 cm
Bei diesem Druck wurde zuerst die Rückseite bedruckt, sodass die Farbe durchschlägt und den Hintergrund für den eigentlichen Druck bildet. Dann bedruckte ich die Vorderseite. Anschließend wurde mit einem wasserlöslichen Grafitstift das Gedicht handschriftlich direkt daraufgeschrieben.

Tarantella
Monotypie in Enkaustik auf Kozopapier, ca. 30 x 50 cm

Hier wurde der Hintergrund zuerst auf der Rückseite des Druckes angelegt. Mit einem Silikonpinsel wurden die feinen Tintenmarkierungen hinzugefügt. Die großen Kreise wurden direkt auf der heißen Aluminiumplatte auf dem Papier geschmolzen.

Präsentation und Pflege

Wachstropfen

Da Sie mit flüssigem Wachs arbeiten, wird dieses an den Seiten zwangsläufig hinunterlaufen und Tropfen bilden.

Dies kann sehr schön aussehen und unterstreicht die Maltechnik und das Medium. Leider hinterlässt es aber auch Spuren an der Wand. Wenn Sie also die Wachstropfen stehen lassen wollen, empfehle ich, den Holzkörper mit Filzaufklebern so zu erhöhen, dass er nicht mit der Wand in Kontakt kommt. Andernfalls sollten Sie sorgfältig alles Wachs auf der Rückseite des Holzkörpers abkratzen, damit das Wachs keine Flecken auf der Wand hinterlässt. Wenn Sie einen glatten Holzkörperrand ohne Wachsspuren wünschen, empfiehlt es sich, bevor Sie anfangen zu malen, den Rahmen mit Abklebeband sorgfältig zu präparieren. Dieses kann dann später leicht mit den Wachstropfen abgezogen werden. Sehr oft wird die Wachslippe am Bildrand, die durch das Malen in Schichten entsteht, verletzt, wenn das Abklebeband abgezogen wird. Seien Sie also vorsichtig beim Abziehen des Abklebebandes, und gehen Sie behutsam vor.

Unterschiedliche Seitenränder von Enkaustikbildern

Holzkörper mit Abklebeband präpariert

Wachslippen, Ränder und Rahmen

Durch das Malen in Schichten entsteht oftmals wie bereits beschrieben eine Wachslippe am Bildrand. Wachslippen unterstreichen die Einzigartigkeit des Mediums und sind oftmals ein kleines Kunstwerk in sich selbst.

Im Galeriealltag sind sie jedoch prädestiniert dazu, verletzt zu werden, da sie leicht brechen, wenn man das Bild hochkant lagert. Ein Schutzrahmen, den man abnehmen kann, ist eine Lösung.

Wenn Sie sich für einen sauberen Rand entscheiden, dann schneiden/kratzen Sie die Lippe mit einer Rasierklinge, einem Messer oder einem Töpferwerkzeug (Modellierschlinge) ab.

Sie können die Seiten des Holzkörpers auch mit Holzfarbe oder Latexfarbe anstreichen, oder aber Sie verwenden Enkaustikfarbe.

Enkaustikbilder sehen in Schattenfugenrahmen wunderschön aus. Hier kann man ohne Sorgen

Abgeschnittene Wachslippe mit bemaltem Rand

Wachslippen und Wachstropfen an den Seiten ausstellen. Der Rahmen schützt sowohl vor Beschädigung der Lippen als auch vor Verschmutzung der Wand.

Wachslippe

Schattenfugenrahmen

Polieren der Bildoberfläche

Sie können die Bildoberfläche mit einem flusenfreien Tuch auf Glanz polieren. Dies erhöht die Leuchtkraft der Farben und insbesondere transparente Schichten profitieren durch das Polieren der Wachsschicht und erzeugen die gewünschte Bildtiefe, da das Licht das Bild einfacher illuminieren kann.

Für das Polieren der Bildoberfläche benötigen Sie aber einen festen Untergrund, wie zum Beispiel eine Holzplatte. Auf Leinwand gemalte Enkaustikbilder, die nicht aufgezogen sind, kann man nicht polieren. Mikrokristalline Enkaustikfarbe ist klebriger und weicher, und eignet sich somit auch nicht zum Polieren. Je höher der Dammarharzanteil im Enkaustikmedium, desto höher der Glanz.

Das Aushärten des Wachses und somit der Enkaustikbilder kann bis zu einem Jahr dauern. Die ungesättigten Kohlenwasserstoffe des Bienenwachses kristallisieren an der Oberfläche und bilden einen weißen Film. Dammarharz verhindert dies bis zu einem gewissen Grade, aber durch das Zusetzen von Pigmenten kann es erneut zu chemischen Reaktionen kommen. Kristallisationen können durch Polieren entfernt werden. Nach ca. einem Jahr ist dieser Prozess dann abgeschlossen. Temperaturschwankungen können ihn jedoch wieder auslösen. Ich poliere meine Bilder vor jeder Ausstellung, da somit auch Staub entfernt wird.

Sollte Ihr Bild sehr verschmutzt sein, kann es unter lauwarmem Wasser abgewaschen werden. Danach können Sie es trocken reiben und polieren.

Polieren des Bildes auf Glanz

Prüfen, ob alle Stellen auf Glanz poliert worden sind

Lagerung und Transport von Enkaustikbildern

Für die Lagerung der Bilder ist Zimmertemperatur die günstigste Temperatur.
Fällt die Temperatur unter 0 °C, kann es zu Kontraktionen des Wachses kommen und somit zu Rissbildungen – das Wachs springt. Es kann auch an der Qualität des Holzpanels liegen, das sich bei großen Temperaturschwankungen verziehen kann und es somit zum Ablösen der Wachsschichten kommt.
Wärmere Temperaturen machen das Wachs weich und Staubpartikel kleben am Wachs fest.
Direkte Sonneneinstrahlung ist unerwünscht, da wie bei Ölgemälden die Pigmente unter der UV-Strahlung leiden. Sollte ein Bild im 90-Grad-Winkel über mehrere Stunden hinweg der Sonne ausgesetzt sein, kann es zum Anschmelzen des Bildes kommen. Die Oberfläche wird sehr weich und verletzlich. (Lassen Sie Ihr Bild nicht im Kofferraum, weder im Hochsommer noch im Winter!)
Wenn Sie Ihr Bild transportieren oder verschicken, nehmen Sie am besten Wachspapier, um die Bildfläche abzudecken, bevor Sie im Anschluss Luftpolsterfolie verwenden, um das Bild einzuwickeln und vor Beschädigungen zu schützen.
Vorsicht! Die Bildkanten und Ecken sind sehr leicht verletzbar, daher verwende ich eine extra Lage Luftpolsterfolie!

Covert Light

Triptych, Enkaustik auf Holz, 25 x 75 cm

In die Hohlreliefabdrücke wurde Goldpigment eingerieben und dann anschließend eingeschmolzen.

Kunstgalerie – Zeitgenössische Enkaustik in Europa und Nordamerika

Während eines Symposiums in Carmel, Kalifornien stellte Tony Scherman die Frage in den Raum, warum Künstler ausgerechnet dieses primitive Medium/Malmittel wählen. Im Vergleich zu Wachs sei Öl beispielsweise ein großartiges Medium, Enkaustik dagegen sei nicht einfach zu beherrschen und zu meistern.

Diese Frage würde wohl jeder Künstler für sich anders beantworten, allen gemeinsam ist jedoch, dass sie ein bestimmtes Ziel bei ihrer Bildgebung verfolgen und schlichtweg von dem antiken Medium fasziniert sind. Die Körperlichkeit, die Transparenz der Farben gegenüber ihrer Lichtundurchlässigkeit, die Farbintensivität, Leuchtkraft, Tiefenwirkung und schließlich auch die erreichte Dreidimensionalität in der Darstellung sind oft genannte Gründe für die Verwendung der Enkaustikfarben. Die Kulturgeschichte und die Haltbarkeit sind weitere Argumente für die Einzigartigkeit des Mediums Wachs.

Für die nachfolgende Bildergalerie zeitgenössischer Enkaustikkunst habe ich verschiedene Künstler aus Europa und Nordamerika ausgewählt, die ich allesamt sehr schätze. Einige arbeiten schon seit über 20 Jahren mit dem Medium Wachs, sind Pioniere und entwickelten ureigene Techniken, die ihrer jeweiligen Bildsprache dienen.

Es ist mir eine große Freude und Ehre, zum ersten Mal europäische und nordamerikanische Künstler nebeneinander zu zeigen.

Ich bin zutiefst dankbar, dass sie alle spontan und unkompliziert „ja" gesagt haben, dieses Projekt zu unterstützen und mir ihr Bildmaterial zur Verfügung gestellt haben.

Sehr viele geschätzte Kollegen wurden hier nicht vorgestellt, da die Seitenzahl des Buches leider begrenzt ist. Der Anfang ist jedoch gemacht und vielleicht habe ich dadurch ein neues Wunschprojekt, dem ich mich annähern kann.

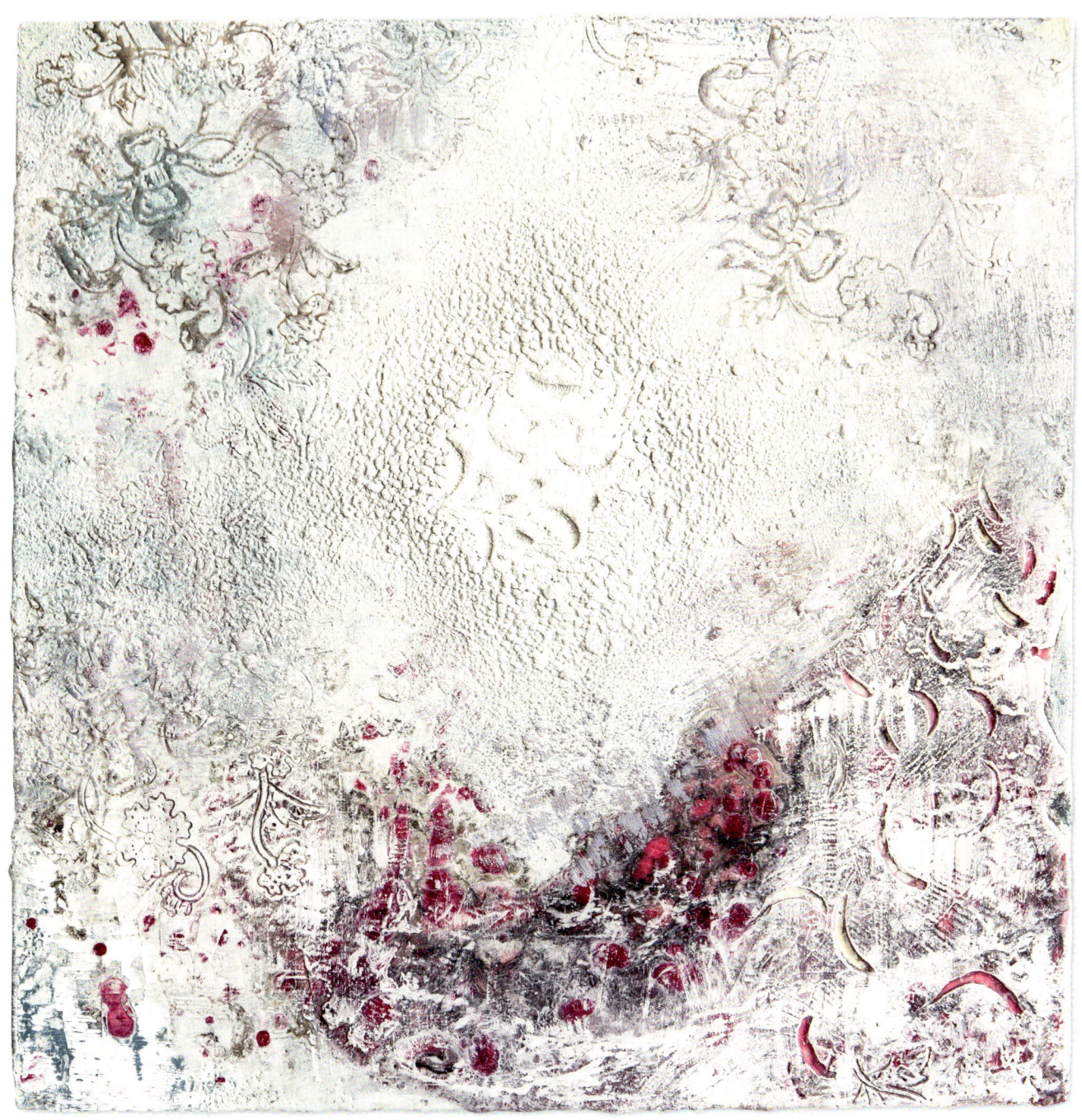

Virgin – Jungfrau
Enkaustik auf Holz, 40,5 x 40,5 cm

Robin Denevan

Robin Denevan ist ein amerikanischer Künstler und wuchs in San José, CA auf. 1997 erhielt er sein B. F. A. mit Auszeichnung vom California College of Arts. Seit dem 25. Lebensjahr arbeitet er als Freischaffender Künstler.

In den vergangenen zwölf Jahren hat er an zahlreichen nationalen und internationalen Ausstellungen teilgenommen. Er ist in vielen Privatsammlungen vertreten. Robin Denevan lebt und arbeitet in San Francisco, USA.

Amazon Horizon
Enkaustik auf Holz, ca. 153,5 x 153,5 cm

Reflections
Enkaustik auf Holz, ca. 76 x 76 cm

Betsy Eby

Betsy Eby, geboren 1967 in Seaside, Oregon, USA. 1990 erhält sie ihr B. A. in Kunstgeschichte von der University of Oregon. Seit 1996 nahm sie zahlreiche Solo- und Gruppenausstellungen in den USA wahr. Neben vielen Sammlungen und Dauerausstellungen in den USA sind ihre Arbeiten auch in Dauerausstellungen in den amerikanischen Botschaften von Dubai, Brunei und Gambia zu sehen.

Third Variation on Scriabin's Mystic Chord
Enkaustik auf Leinwand auf Holz, ca. 140 x 203 cm

A Thousand Kisses Deep
Enkaustik auf Leinwand auf Holz, ca. 140 x 223,5 cm

Jennie Frederick

Jennie Frederick, geboren 1951 in Kansas City, Missouri, USA erhielt ihr B.F.A. vom Kansas City Art Institute und ihr M.F.A. von der Indiana State University. Sie gründete 1983 Kansas City Paperwork, Inc., lehrte am Kansas City Art Institute und hielt viele private Workshops. Zu ihren Auszeichnungen gehören zahlreiche Kunststipendien. Jennie Frederick hat an zahlreichen internationalen Ausstellungen teilgenommen. Sie lebt und arbeitet in Kansas City.

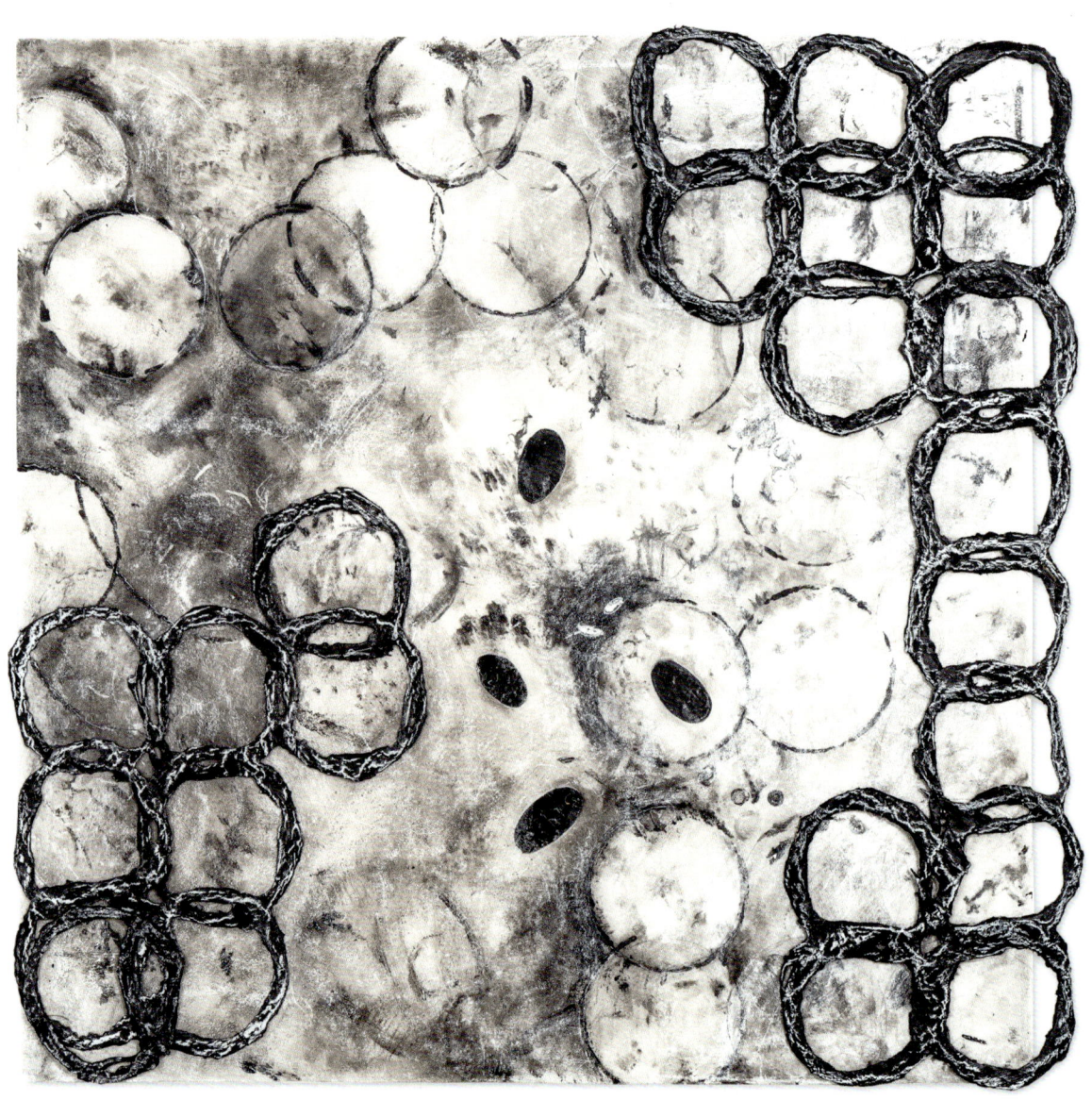

Construct/Deconstruct Series #2
Monotypie in Enkaustik, Tinte und Kozo (Maulbeerbaumfasern), ca. 76,2 x 76,2 cm

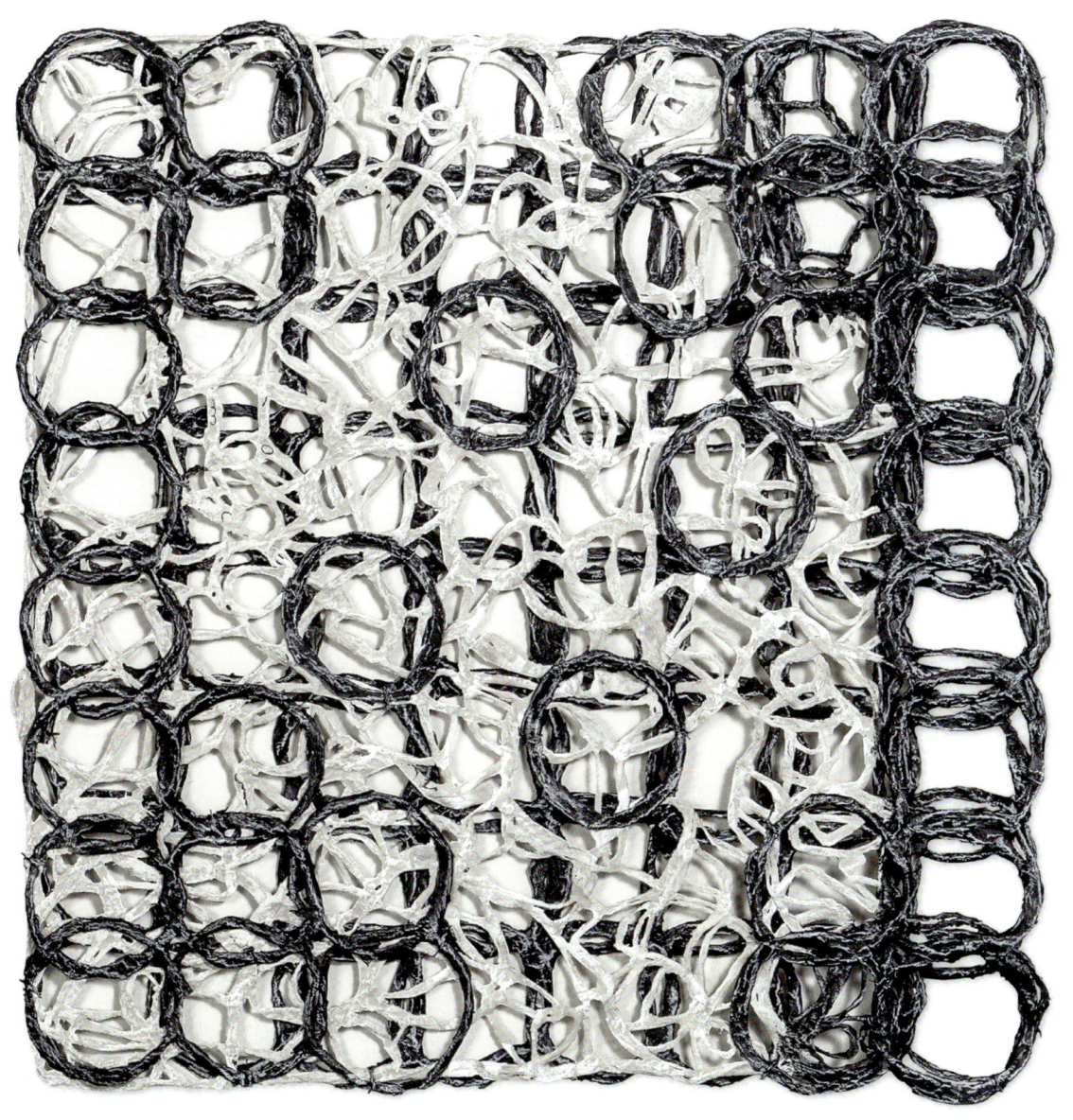

Construct/Deconstruct Series #3
Enkaustik und Kozo (Maulbeerbaumfasern), ca. 76,2 x 76,2 cm

Alexandre Masino

Alexandre Masino, geboren 1972 in Montreal, Kanada, erhielt sein B. F. A. 1996 von der Concordia University. In den vergangenen 20 Jahren sind seine Arbeiten in mehr als 50 Solo- und Gruppenausstellungen in Kanada, den USA und in Europa gezeigt worden. Seine Arbeiten befinden sich in öffentlichen wie privaten Sammlungen in Kanada, den USA und in Europa.

Odyssée
2014, Enkaustik und Blattgold auf Holz, 28 x 30,5 cm

Kintsukuro
2014, Enkaustik und Blattgold auf Holz, 28 x 30,5 cm

Lora Murphy

Laura Murphy, geboren 1965 in Irland, Dublin, erhielt ihr B. A. 1983 von U. C. D. Dublin, Irland. 1984–1991 studierte sie an der Art Students League West 57th Street N.Y.C., USA, 2008–2010 am Crawford College of Art and Design in Cork, Irland und 2011 an der Engel Akademie in Florenz, Italien. Sie hat seither zahlreiche Ausstellungen in Europa und den USA gehabt. Sie lebt und arbeitet in Irland und Dänemark.

Frida
Enkaustik auf Holz, 25 x 25 cm

Klaus-Ulfert Rieger

Klaus-Ulfert Rieger, geboren 1927 in Wilhelmshaven, begann im Eigenstudium vor 30 Jahren in Enkaustik zu malen. Sein beruflicher Hintergrund in der Zahntechnikindustrie ermöglichte es ihm, viele spezielle Geräte für seine Malerei in Enkaustik zu entwickeln. Er reiste in die USA, nach England und Holland, um sich mit anderen Künstlern und Restauratoren über die Malerei in Enkaustik auszutauschen. In seiner Malerei ist er sehr privat. Er nahm selten an Ausstellungen teil.

Steinbrück
Enkaustik auf Holz, 50 x 50 cm

Paula Roland

Paula Roland, geboren 1958 in Mississippi, erhielt ihr B. F. A. vom Dominican College und ihr M. A. von der University of New Orleans. Seit 1998 lebt sie in Santa Fe, New Mexico. Paula Roland stellte ihre Arbeiten in zahlreichen Solo- und Gruppenausstellungen in den USA und in Europa aus. Sie ist eine gefragte Dozentin und entwickelte die HOTBOX, die in der Enkaustikmonotypie zur Anwendung kommt.

Disappear
2009, zwölf beleuchtete Enkaustikmonotypien, (zweilagig) auf Rives Lightweight Papier, ca. 198 x 203 cm

Coral
Enkaustik auf Holz, ca. 71 x 71 cm

Tony Scherman

Tony Scherman, geboren 1950 in Toronto, Kanada, erhielt sein B. F. A. 1971 an der Byam Shaw School of Art in London, England und erhielt seinen M. A. (Masters of Fine Art) 1974 vom Royal College of Art in London, England. Seitdem stellt er seine Arbeiten regelmäßig in Solo- und Gruppenausstellungen in Nordamerika und in Europa aus. Er ist in Nordamerika und in Europa ein gefragter Kunstkritiker und Gastdozent an Universitäten und an Kunstschulen.

Difficult Women, Glenda Jackson as Elizabeth I
2012–14, Enkaustik auf Leinwand, ca. 152 x 182 cm

Difficult Women, Simone de Beauvoir
2012–14, Enkaustik auf Leinwand, ca. 213 x 182 cm

Yasemin Skrezka

Yasemin Skrezka, geboren 1961 in Berlin, ist eine deutsche Künstlerin. Aufgewachsen in der Türkei, erfolgte mit sechs Jahren der Umzug nach Kanada. Sie absolvierte ihren B. Sc. in Physiotherapie an der University of Manitoba, Winnipeg. 1983 zog sie nach Deutschland um und schloss ein Studium der Motologie an der Philipps-Universität, Marburg, an. Seit 2004 Eigenstudium der Malerei. Yasemin Skrezka hat seither an zahlreichen Ausstellungen in Europa teilgenommen.

Der Skier
Enkaustik auf Holz, 40 x 100 cm

The Backyard
Enkaustik auf Holz, 100 x 80 cm

Georg Weise

Georg Weise, deutscher Künstler, geboren 1973 in Berlin, aufgewachsen in Mecklenburg, Studium in Berlin-Weißensee.

70 Ausstellungsbeteiligungen national und international, davon 20 Einzelausstellungen, zuletzt Museum Junge Kunst, Frankfurt/Oder.

Katzenmörder (Matti)
Enkaustik, 100 x 80 cm

Genaro
Enkaustik, 180 x 140 cm

Glossar

Anlagern: Wachs erkaltet sehr schnell und kann sich durch wiederholte Pinselstriche rasch anlagern

Bildübertragung: Transfer eines Bildes oder einer Fotokopie auf eine andere Oberfläche

Bienenwachs (natürlich): Produkt junger Honigbienen, kleine halbdurchsichtige Wachsschuppen, geringer Schmelzpunkt

Bienenwachs (gefiltertes): durch Kohlenstoff-Filterung aufgereinigtes Bienenwachs, weißliche halbdurchsichtige Farbe, ist das bevorzugte Wachs für Enkaustik (pharmazeutische Qualität)

Bildträger: die Oberfläche, auf der man malt, typisch in der Enkaustik sind Holzplatten/Holzkörper

Candelillawachs: Candelilla antisyphilitica ist ein Busch, aus dem das Candelillawachs gewonnen wird. Es kann als Härtesubstanz dem Bienenwachs beigemischt werden.

Carnaubawachs: Copernicia cerifera ist ein Wachs, das aus den Palmenblättern der Carnaubapalme gewonnen wird. Es kann als Härtesubstanz dem Bienenwachs beigemischt werden.

Cavo-Rilievo-Technik: Hohlreliefabdruck, diese Technik macht sich die formbare Eigenschaft des Wachses zunutze. Gegenstände werden in das Wachs eingedrückt und wieder entfernt.

Dammarharzkristalle: Dammarharz wird aus einem südostasiatischen Baum gewonnen. Es wird dem Bienenwachs beigemischt. Ein Verhältnis von 1:8 ergibt das Medium.

Dammarharzlack: enthält Terpentin und wird **nicht in der Enkaustik verwendet**, da es hochtoxisch ist, wenn es erhitzt wird.

Gravieren: Einritzen der Oberfläche mit einem spitzen Gegenstand

Enkaustik: antike Maltechnik, die Bienenwachs, Pigmente und Hitze verwendet.

Enkaustikfarbe: Enkaustikmedium und Pigmente

Enkaustikmedium: häufig Bienenwachs und Dammarharzkristalle, Träger der Pigmente

Enkaustikgesso: spezielles Gesso für die Enkaustik, das weniger Bindemittel enthält und absorbierender ist als herkömmliches Acrylgesso

Einschmelzen: In der Enkaustik werden die Wachsschichten mittels einer Heißluftpistole, eines Propangasbrenners oder eines Bügeleisens miteinander verschmolzen.

Grundieren: die ersten Schichten eines Bildes, es kann Enkaustikmedium oder Enkaustikgesso verwendet werden

Heizplatte: eine Warmhalteplatte oder Heizplatte, die als geheizte Palette dient

Hot Spots: heiße Stellen im Wachs, die durch Überhitzen entstehen, das Wachs schwimmt zur Seite

Impasto: dickflüssiger Farbauftrag, meistens gespachtelt

Intaglio: In der Enkaustik kann man Einritzungen und Gravierungen akzentuieren, indem man sie leicht mit Farbe füllt. Dazu eignen sich Ölfarbe oder Ölsticks, die in die Linien eingerieben werden.

Intarsie: In der Enkaustik graviert man die gewünschte Linie oder Form in die Wachsoberfläche, um sie anschließend mit einer Enkaustikfarbe wieder aufzufüllen.

Maleisen: spezielles Bügeleisen, das zum Einschmelzen der Enkaustikschichten verwendet wird

Medium: Farbträger in der Enkaustik, Bienenwachs gemischt mit Dammarharz

Mikrokristalline Wachse gehören zu der Gruppe der Mikrowachse, die aus Erdöl gewonnen werden. Mikrokristalline Wachse weisen im Vergleich zu Bienenwachs und Paraffinwachsen eine deutlich höhere Plastizität und Klebrigkeit auf. Diese Eigenschaft nutzen Künstler, wenn sie auf flexiblen Untergründen wie Leinwand malen.

Monotypie in Enkaustik: Die Monotypie ist eine Drucktechnik, die im 17. Jhd. entwickelt worden ist. In der Enkaustik wird eine geheizte Aluminiumplatte verwendet, auf der das Design/Gemälde gezeichnet oder gemalt wird. Solange die Farbe flüssig/heiß ist, kann man dieses mittels Handabreibung auf Papier drucken.

Opak: lichtundurchlässig

Paraffin: Paraffin gehört zu den Mikrowachsen und wird ebenfalls aus der Erdölraffinerie gewonnen. Viele Künstler verwenden Paraffin zum Gießen auf vorhandenes Bildmaterial, da es klar und durchsichtig ist. Es ist jedoch äußerst brüchig.

Pigmente: feinpudrige farbgebende Substanzen, die im Gegensatz zu Farbstoffen im Anwendungsmedium unlöslich sind

Schmelzpunkt: Temperatur, bei der ein Stoff vom festen zum flüssigen Zustand übergeht

Sgraffito: *sgraffiare* (= kratzen) ist eine Technik des Aufkratzens und Abkratzens einer Oberfläche, um die darunterliegenden Schichten freizulegen

Sojawachs: Sojawachs hat einen sehr geringen Schmelzpunkt und ist somit nur begrenzt einsatzfähig in der Enkaustik, wird zum Reinigen der Pinsel verwendet

Transluzent: lichtdurchlässig

Wachs: ein natürliches Material, das aus tierischen, pflanzlichen Substanzen oder Mineralölen hergestellt werden kann

Nachwort

Etwas Neues zu lernen bedeutet Mut, es bedeutet auch, keine Angst davor zu haben, Fehler zu machen und zu scheitern. Notwendig hierfür sind Begeisterungsfähigkeit und Neugier.

Ein Buch zu schreiben war eine neue Erfahrung für mich, und auf dem Weg zu dem fertigen Buch habe ich viel Neues entdeckt und dazugelernt.

Nicht nur, wie man ein Buch schreibt und konzipiert, sondern auch neue Techniken, die ich in meinen Bildern jetzt vermehrt anwende, wie zum Beispiel das Anlagern von Wachs.

Auf einer solchen Reise ins Unbekannte ist ein Netz von positiven Menschen ein ungemeiner Vorteil.

Ich möchte mich bedanken bei meiner großen Liebe, meinem Mann Maik, der mir immer uneingeschränkt Unterstützung bietet, mir den Rücken frei hält und an mich und meine Kunst glaubt. Bei meinen Kindern, die mich oft zum Lachen bringen und mich mit Umarmungen beschenken, selbst wenn ich gestresst bin.

Mein Dank gilt auch meinen Eltern, die gleichfalls an mein Buch glaubten. Vor allem meinem krebskranken Vater, er versicherte mir noch in der letzten Woche seines Lebens, dass er für das Buch im Internet Werbung machen würde.

Mein außerordentlicher Dank gilt Britta Sopp vom Christophorus Verlag. Sie teilte meine Vision und unterstützte mich und meine Ideen zur Buchgestaltung von Anfang an. Wie eine gute Fee zog sie die Fäden und ermöglichte dieses Projekt in wundersamer Weise, quasi in Lichtgeschwindigkeit.

Ein großer Dank gilt auch meinem Sohn Philipp, der die wunderschönen Atelier- und Technikaufnahmen fotografierte (Danke für Deine Engelsgeduld bei über 1600 Aufnahmen!).

Danke auch an Darin Seim von R & F HANDMADE PAINTS, der mich mit der Firma ART SELECT GmbH & Co. KG und Frau Sopp vernetzte, und somit maßgeblich an der Verwirklichung des Buches Anteil hatte.

Besonderer Dank gilt dem Grafiker Michael Feuerer, dessen scharfe Augen auch die kleinste Unschärfe in den Bildern entdeckten und der mit viel Geduld und positiver Kritik für bessere Qualität der Fotos warb, sodass ich bei Eis und Schnee in mein Atelier kutschierte, um den Kampf mit dem Stativ erneut aufzunehmen.

Vielen Dank an Sie, liebe Leser. Ich möchte Sie ermuntern, sich auf die Enkaustikreise zu begeben, vielleicht einen Kurs zu besuchen, und viele Stunden zu malen.

Wertvolle Erfahrungen werden auf dem Weg gesammelt und nicht am Endziel!

Herzliche Grüße aus dem winterlichen Detroit,
Birgit Hüttemann-Holz, Februar 2015